MANUSCRIT
PICTOGRAPHIQUE
AMÉRICAIN

Reserve
4669

PARIS. — IMPRIMERIE DE J. CLAYE
RUE SAINT-BENOÎT, 7.

MANUSCRIT PICTOGRAPHIQUE

AMÉRICAIN

PRÉCÉDÉ D'UNE

NOTICE SUR L'IDÉOGRAPHIE

DES PEAUX-ROUGES

PAR

l'Abbé Em. DOMENECH

Missionnaire apostolique, Chanoine honoraire de Montpellier
Membre de l'Académie pontificale tibérine, de la Société géographique de Paris
et de la Société ethnographique orientale et américaine de France.

OUVRAGE
PUBLIÉ SOUS LES AUSPICES DE M. LE MINISTRE D'ÉTAT
ET DE LA MAISON DE L'EMPEREUR

PARIS
GIDE LIBRAIRE-ÉDITEUR
5 RUE BONAPARTE
—
1860

A M. PAUL LACROIX.

Bien cher bibliophile,

Vous souvient-il de ces charmantes soirées d'hiver, passées dans ce petit salon que j'aimais tant, et toujours rempli de fleurs, de tableaux, de souvenirs, d'esprits de tous les genres, d'hommes et de femmes de tous les pays, de tous les âges et des caractères les plus divers? Vous rappelez-vous ce jeune homme pâle, triste, souffrant et rêveur, qui revenait des solitudes lointaines du Nouveau-Monde, et dont les récits étranges vous attendrissaient si profondément? Pauvre enfant! semblable à ces plantes exotiques, chétives et vivaces tout à la fois, qui croissent auprès des tombeaux, il sentait sa séve se tarir et ses fleurs se faner, parce que la rosée du ciel tombait seule et goutte à goutte sur ses feuilles desséchées, et qu'il ne voyait sur terre aucun bâton sur lequel il pût solidement s'appuyer. Vous aimiez jouir de son étonnement, lorsqu'il se trouvait au milieu de ce monde créé par la civilisation moderne et si nouveau pour lui : esprit, pensées, sentiments, tout le surprenait et tout aussi l'attristait profondément. Vous aimiez l'entendre parler auprès du feu de ses courses échevelées sur des chevaux sauvages; vous frémissiez parfois en écoutant ses aventures singulières, et vous vous intéressiez au raconteur, parce que son cœur parlait plus haut que ses lèvres, et que vous deviniez bien des choses dans cette nature bizarre, exceptionnelle et primitive.

Parmi cette foule d'amis sincères ou douteux, d'oisifs et de curieux dont ce jeune homme était souvent entouré, il se trouvait un homme célèbre par ses écrits, remarquable par son érudition, ses vastes connaissances, et dont la bienveillance se traduisit moins par des paroles d'une admiration banale et stérile que par des faits indiquant un intérêt réel : « Vous êtes inconnu, disait-il à son
« jeune protégé, vous n'avez point de protection,
« point de ressources suffisantes pour mener
« une existence modeste, mais tranquille; votre
« santé ruinée ne vous laisse plus qu'une route à
« suivre dans la vie, c'est la carrière littéraire.

« Écrivez vos souvenirs de voyage, publiez vos
« notes sur les solitudes américaines, je guiderai
« vos premiers pas, et vous marcherez bien vite
« tout seul, car vous avez en vous tous les élé-
« ments du succès. Petit ruisseau deviendra grande
« rivière, et vous verrez que la gloire, la considé-
« ration et le bien-être vous sortiront bientôt de
« cette triste impasse dans laquelle vous végétez. »
Ainsi encouragé du geste et de la voix, avec
constance et bonté, le jeune voyageur obéit,
quoique avec timidité, car il doutait de lui-même
et n'osait se produire en public : depuis, il a
toujours trouvé sur sa route ce généreux ami qui
lui disait : « Courage, avancez. »

Grâce à ce bon protecteur, à ce guide intelligent, petit ruisseau n'est pas devenu grande rivière;
la gloire, les honneurs et le bien-être n'ont pas
visité sa demeure, mais son front n'est plus courbé
vers la terre par les soucis, l'isolement et la
cruelle nécessité; il rêve encore, mais avec moins
de tristesse; son travail n'est plus sans salaire et
sans fruit; le cercle de ses amis s'élargit peu à
peu, et le gouvernement même l'aide avec autant
de bienveillance que de générosité.

Il est donc très-simple que la reconnaissance
soit publique, elle est trop naturelle et trop vive

pour rester secrète au fond du cœur; car n'est-il pas bien lâche celui qui laisse étouffer sa gratitude par un sentiment quelconque? Cet homme, ce protecteur intelligent, désintéressé, c'est vous, bien cher bibliophile : sans vous languirait peut-être encore, dans un coin obscur de la France ou de l'étranger, cette plante épanouie sous les tropiques, mais inconnue, originale, sans parfum, sans couleur, et qui ne demandait que les soins et l'appui d'une main amie pour répandre au dehors les quelques qualités dont la Providence l'avait douée.

Recevez donc ici l'hommage de ma sincère et de ma profonde reconnaissance, car celui que vous avez ainsi obligé, auquel vous avez ouvert une nouvelle carrière, un chemin qu'il ne croyait pas pouvoir suivre, vous l'avez deviné sans doute : c'est celui qui sera toujours heureux de se dire,

Votre très-reconnaissant, très-affectionné
et tout dévoué ami,

EM. DOMENECH,
Missionnaire apostolique.

Paris, 1er juin 1860.

MANUSCRIT PICTOGRAPHIQUE AMÉRICAIN

I

NOTICE SUR LES ANCIENS MANUSCRITS AMÉRICAINS
ET SUR LE *LIVRE DES SAUVAGES.*

Les lacunes que la science trouve encore de nos jours dans l'histoire de plusieurs grandes familles du genre humain, nous portent à rechercher avec une avide et louable curiosité tous les anciens monuments historiques qui peuvent jeter quelques lumières sur les origines des peuplades peu connues, et particulièrement sur les indigènes du Nouveau-Monde. Malheureusement ces monuments sont rares, et la plupart des originaux ont disparu depuis la découverte de Christophe Colomb : les uns ont été détruits ou dispersés par les premiers européens qui s'emparèrent de cette nouvelle terre promise, les autres tombèrent entre les mains d'individus incapables de comprendre la valeur du trésor qu'ils possédaient.

Cependant, à force de recherches, on a retrouvé dans les bibliothèques et les dépôts publics, ou bien dans la possession de quelques familles de vieille souche, un certain nombre de manuscrits de la plus haute antiquité. Le chevalier Boturini avait commencé, dès l'année 1736, une des plus riches collections de documents manuscrits de ce genre qui ait été faite sur l'histoire du Mexique et de l'Amérique centrale. Cet antiquaire milanais, mais d'origine française, avait été autorisé par un bref du Pape et par l'Audience royale de la Nouvelle-Espagne, à régulariser le culte de N.-D. de Guadeloupe, si célèbre au Mexique, et encore aujourd'hui mêlé à celui de *Touantzin* (notre mère) des Aztèques. Huit ans de pénibles et dispendieuses recherches pour rassembler les documents éveillèrent d'avares susceptibilités. Le vice-roi comte de Fuenclara, saisit argent, bijoux, musée, et Boturini, enfermé avec des malfaiteurs, fut réduit à vivre d'aumônes. Absous par le juge, et cependant déporté, il fut pris en mer par les Anglais qui, contre le droit des gens, le dépouillèrent d'un reste d'antiquités conservées par des amis, et lui enlevèrent même ses vêtements[1]. On n'a jamais su, dit M. de Humboldt, si ces peintures sont parvenues en Angleterre, ou si on les a jetées à la mer comme des toiles d'un tissu grossier et mal peintes[2].

1. M. AUBIN, *Mémoire sur la peinture didactique*, etc.
2. HUMBOLDT, *Vues des Cordillières*.

M. Aubin a pu en recueillir un petit nombre qui, après avoir échappé aux investigations de Robertson et de M. de Humboldt, n'avaient pas été comprises dans la magnifique collection de lord Kingsborough [1].

Jeté nu sur le rocher de Gibraltar, Boturini s'était reconstitué prisonnier des Espagnols. Le roi d'Espagne le déclara innocent; mais cette déclaration ne le fit pas rentrer dans sa propriété. Ces collections, dont Boturini a publié le catalogue à la suite de son *Essai sur l'histoire ancienne de la Nouvelle-Espagne,* imprimé à Madrid, restèrent ensevelis dans les archives de la vice-royauté de Mexico. On a conservé avec si peu de soin ces restes précieux de la culture des Aztèques, qu'il existe aujourd'hui à peine la huitième partie des manuscrits hiéroglyphiques enlevés au voyageur italien [2].

MM. Ternaux-Compans, D. Rafaël Isidro Gondra, le sénateur Ortega, D. C. M. Bustamente, restaurateurs des études américaines, ont fait connaître les longs différends élevés au sujet de ces collections entre les autorités de la Nouvelle-Espagne, le conseil des Indes, Boturini ou ses héritiers; entre les savants de Mexico, constitués en Académie pour exploiter ces richesses scientifiques, et l'Académie historique de Madrid obtenant la suppression de cette académie coloniale. Pour mettre un terme à ces démêlés, le roi d'Espagne chargea définitivement l'historien mexicain Veytia, exécuteur testamentaire de Boturini,

---

[1]. *Mexican Antiquities*, Londres, 1830.
[2]. HUMBOLDT, *Vues des Cordillières*.

de continuer l'œuvre de l'infortuné antiquaire. Après la mort de Veytia, arrivée en 1769, les procès recommencèrent. Les collections passèrent dans le cabinet de Gama, qui les accrut d'une classe importante de peintures anciennes. C'est à la vente des collections de ce dernier savant que M. de Humboldt acheta, au commencement du siècle, les quelques fragments de peintures ayant autrefois fait partie du musée de Boturini, et aujourd'hui déposées à la bibliothèque royale de Berlin[1]. Toutes les pièces remarquables étaient restées à Mexico, à l'exception de quelques-unes, rapportées en Europe par M. de Waldeck, de qui M. Aubin les a acquises.

M. Aubin, ancien professeur de l'Université, partit pour le Mexique en 1830, sous les auspices de MM. Arago et Thénard, et avec l'autorisation de M. de Broglie, alors ministre de l'instruction publique, afin de s'y occuper de recherches physiques et astronomiques. Mais des circonstances malheureuses l'ayant privé de ses instruments d'observation, et ne pouvant plus atteindre complétement le but de son voyage, M. Aubin chercha à se dédommager par une étude approfondie des restes nombreux de l'antique civilisation américaine. Il acquit une partie des manuscrits et des peintures provenant de la succession des fils du célèbre astronome américain Gama, ainsi qu'un grand nombre de chroniques en nahuatl ou mexicain, écrites par les premiers indigènes initiés à l'usage de nos lettres.

[1]. M. Aubin, *Mémoire sur la peinture didactique*, etc.

Notre savant compatriote s'était proposé : 1° de réunir tous les documents possibles et de reconstituer autant qu'il le pourrait, soit par des originaux, soit par des copies, la collection de Boturini; 2° de rechercher les pièces de même nature, et que l'antiquaire milanais estimait exister en nombre à peu près égal au pouvoir des indigènes; 3° d'y joindre les documents recueillis par Veytia, par Gama et par Pichardo, dont la collection, au dire de M. de Humboldt, était la plus riche et la plus belle de la capitale. Vingt années de recherches et de sacrifices de tout genre ont été consacrées à cette tâche difficile. On jugera, par l'extrait suivant du catalogue de la collection de M. Aubin jusqu'à quel point il a réussi.

MANUSCRITS EN MEXICAIN OU NAHUATL,

Ayant appartenu à Boturini, et extraits des notices de son catalogue.

« § VIII, n° 6. — Essais d'histoire mexicaine, en « langue nahuatl, sur papier européen, depuis l'an 1064 « jusqu'en 1521, par D. Domingo Chimalpaïn. » — Gama attribue à Tezozomoc cette histoire, en mexicain très-élégant. Ce sont des fragments de Tezozomoc et d'Alonso Franco, annotés par Chimalpaïn, qui se nomme en les citant.

« § VIII, n° 10. — Original. Annales historiques de « la nation mexicaine, sur papier indien, presque in-

« folio, en nahuatl, relié avec des cordelettes de ixtle
« (ichtli), etc..... Il commence à la gentilité et suit jus-
« qu'à la conquête, époque probable de la mort de l'au-
« teur. C'est une pièce antique et d'une grande valeur. »
Gama la cite souvent et ajoute : M. Aubin la suppose
« écrite par un des soldats mexicains qui se trouvèrent
« au siége de la ville, d'après différentes particularités
« qu'il y a remarquées[1]. » C'est aussi l'opinion d'un
annotateur anonyme, et il est difficile de s'en former une
autre. Une copie très-ancienne, avec d'heureuses additions
et d'étranges variantes, nous apprend que cette histoire
a été écrite en 1528, par conséquent sept ans seulement
après la prise de Mexico. On y trouve des chants historiques d'un dialecte si difficile, que M. Aubin n'a pu les
traduire entièrement. Plusieurs écrivains, et même Sahagun, auteur d'importants ouvrages en mexicain, nous
parlent toujours de ces chants comme de compositions
que personne ne comprend[2].

« § VIII, n° 12. — Différentes histoires originales, en
« nahuatl, sur papier européen, des royaumes de Cul-
« huacan, Mexico, et d'autres provinces, par Domingo
« Chimalpaïn, depuis la gentilité jusqu'en 1594. » Elles
sont écrites, année par année, depuis l'an IV de J.-C.,

---

[1]. *Descripcion historica y cronologica de las dos Piedras*, etc., 2ᵉ éd., Mexico, 1832, p. 79.
[2]. *Historia general de N.ᵃ España*, lib. II, ap. p. 227; lib. X, cap. XXVII et *passim*. Mexico, 1829.

mais ne commencent réellement que l'an XLIX, époque de l'arrivée, par mer, des Chichimèques à Aztlan, avec de grandes lacunes jusqu'en 669. Gama et le P. Pichardo en ont copié une partie, sans remarquer la transposition de plusieurs feuillets qu'ils ont cru arrachés. Un examen attentif de l'original permit à M. Aubin de combler quelques-uns des vides de leurs copies, surtout depuis l'an 669. Il a traduit la plus grande partie de ces deux ou trois volumes d'annales, les plus importantes que nous ayons sur l'histoire du Mexique.

§ VIII, n° 13. — « Histoire des royaumes de Cul-
« huacan et Mexico, en nahuatl, papier européen, auteur
« anonyme..... entièrement de la main de D. Fernando
« de Alba; la première feuille manque. » Cette histoire, composée en 1563 et en 1570, par un écrivain de Quauhtitlan et non par Fernando de Alba, comme l'a cru Pichardo, n'est guère moins précieuse que les précédentes et remonte, année par année, *au moins* jusqu'à l'an 751 de J.-C. Je dis *au moins*, parce que, outre le manque de la première feuille, les copies de Gama et de Pichardo font soupçonner quelque désordre dans le commencement de l'original. A la suite de ces annales, se trouve l'histoire anonyme d'où Gama extrait le texte mexicain de la tradition sur les soleils [1]. Deux copies du commencement de cette histoire, faites par le P. Pichardo,

[1] *Descripcion*, p. 94, 95, 96.

prouvent l'intérêt que ce savant attachait à des récits dont la traduction m'a coûté des peines infinies.

Je ne ferai que nommer l'histoire de Tlaxcalla, par Zapata, § XVIII, n° 4, du même catalogue; et le n° 3, § XIX, qui est une copie, faite par Loaysa, de l'original d'où Torquemada a traduit plusieurs chapitres curieux, écrits aussi par le P. Picharda, en regard du texte mexicain, dans une copie de ce MS. laissée par lui. L'interprète royal, chargé du rapport sur la collection de Boturini, regardait au contraire ces deux cahiers comme traduits après coup du texte espagnol : c'est qu'il n'avait pas lu attentivement Torquemada.

Avant de parler des peintures mexicaines, nous devons citer de nouveau notre savant collègue M. Aubin, qui a traduit toutes ces pièces et une foule d'autres non moins remarquables, telles que les fragments de Christoval del Castillo, sur l'histoire et le calendrier des Aztèques. On sait que le système calendaire mexicain, exposé par Gama et admis en Europe, est en définitive celui de Castillo. Or, comme ce travail n'est pas à l'abri de toute objection, il est fâcheux que M. Aubin n'ait pu recueillir, de l'œuvre étendue de l'auteur mexicain, que ces fragments conservés par Pichardo.

La plupart des chroniques dont il vient de parler ne consistent qu'en une série plus ou moins continue de dates avec l'indication sommaire des événements corres-

pondants. Quelquefois des restes évidents d'anciennes traditions orales ou de chants historiques forment des digressions plus intéressantes, quoique généralement peu animées. Il n'y a guère à se méprendre sur l'origine de ces morceaux. Des passages entiers se trouvent répétés à la fois, presque mot pour mot, dans Chimalpaïn, Castillo, Tezozomoc, dans le MS. § VIII, n° 14, et dans plusieurs fragments d'auteurs contemporains. De nombreux abrégés, d'un laconisme désespérant, paraissent n'être que la transcription littérale des précis historiques en figures destinés à l'enfance ou à des gens dont l'instruction devait être très-limitée. D'autres, souvent reproduits aussi avec de légères variantes, semblent avoir été, ou les textes mêmes de ces peintures appris par cœur dans les écoles, ou des résumés techniques à la portée du jeune âge. Voici ce qu'Acosta dit à ce sujet : « ...Comme (les Indiens)
« sont encore dans l'usage de réciter de mémoire les ha-
« rangues et les discours des orateurs et rhéteurs anciens,
« ainsi que beaucoup de chants composés par leurs poëtes,
« qu'on ne pouvait acquérir par les hiéroglyphes et les
« caractères[1]; il faut savoir que les Mexicains avaient
« grand soin de faire apprendre par cœur ces discours et
« ces compositions; et, pour cela, ils avaient des écoles et
« des espèces de colléges ou de séminaires où les vieillards

1. « Dans les écoles, » bien entendu. Le collége de vieillards « chargés
« de composer, de mettre en bon style et d'écrire en figures les histoires
« et les sermons que les grands prêtres prononçaient en public, » prouve
qu'il n'y avait pas impossibilité absolue. Voy. TORQUEMADA, *Monarquia
indiana*, lib. XIX, cap. VIII.

« enseignaient à la jeunesse ces choses et beaucoup d'au-
« tres conservées par la tradition, comme si elles eussent
« été écrites. C'est surtout chez les nations célèbres qu'on
« les faisait apprendre mot à mot aux jeunes gens instruits
« pour être rhéteurs et orateurs. Les Indiens eux-mêmes
« en écrivirent beaucoup, quand les Espagnols vinrent et
« leur apprirent à lire et à écrire notre langue, comme
« l'attestent les hommes graves qui les ont lues. Je fais
« cette remarque, poursuit Acosta, parce qu'en voyant
« dans l'histoire mexicaine de semblables raisonnements
« développés et élégants, on les croit facilement inventés
« par les Espagnols et non rapportés réellement des In-
« diens. Mais la vérité connue, on doit accorder à leurs
« histoires un juste crédit.... [1] ».

Nous sommes persuadé que la plupart des *tlatolli* ou harangues récitées de mémoire, plutôt qu'improvisées, par les Indiens dans une foule de circonstances, sont des restes de ces anciennes oraisons. Cette origine est suffisamment indiquée par une extrême conformité avec la langue littérale, dont les patois modernes ne conservent généralement que le tiers des mots, et par la certitude où l'on est que les scènes dialoguées, représentées dans les réunions d'apparat, sont formées de fragments d'antiques compositions indigènes, dramatiques ou oratoires, adaptés, depuis la conquête, à des sujets chrétiens, par les moines (et par Torquemada lui-même) ou par les inter-

---

[1]. Acosta, *Historia natural y moral*, etc., lib. VI, cap. xii.

locuteurs, à la verve desquels les développements sont abandonnés [1]. Il serait urgent de recueillir ces morceaux oratoires, qui deviennent chaque jour plus inintelligibles et se perdent rapidement au milieu de commotions politiques incessantes.

Mais si cette classe d'ouvrages pèche par trop de concision, l'élégance de Castillo, de Tezozomoc et d'autres auteurs est quelquefois redondante : la profusion des synonymes, flatteuse pour une oreille américaine, fatigue souvent le lecteur européen.

Ce même défaut est encore sensible dans un long morceau d'éloquence antique, conservé par le vénérable Andrès de Olmos à la fin de sa grammaire manuscrite, ayant appartenu à Las-Casas, à Torquemada, et aujourd'hui en la possession de M. Aubin. C'est un échantillon de ces admirables *exhortations morales* encore si attachantes dans les traductions décolorées de Sahagun, de Zurita, d'Ixtlilxochitl, de Torquemada et d'autres. Ce dernier auteur, après avoir inséré, d'après Olmos, de longs extraits de ces exhortations, et rappelé le soin extrême des Indiens pour les inculquer à leurs enfants, « comme parmi nous « chrétiens, dit-il, les oraisons et le plus indispensable de la « loi divine, » ajoute : « J'ose affirmé que ni Olmos, qui « les a traduites, ni Bartholomé de Las-Casas, qui les « hérita de lui, ni moi, qui les possède et qui ai tâché « d'en approfondir le sens et les métaphores, n'ayons pu

---

[1]. TORQUEMADA, *Monarquia indiana*, lib. XV, cap. XVIII.

« les rendre avec la douceur et l'onction de l'original...,
« parce que ces gens sont naturellement des orateurs ac-
« complis, etc...[1]. »

Je n'ai jamais pu me procurer, dit notre savant collègue, les *Discours des pères à leurs enfants, et des rois à leurs vassaux*, recueillis en mexicain, sous le titre de *Huehuetlatolli* (oraisons antiques), par Juan Baptista, écrivain recommandable, que Bétancourt surnomme le Cicéron mexicain, ni les monuments analogues de l'éloquence tarasque réunis par un moine français, Gilbert.

MANUSCRITS ESPAGNOLS.

Nous ne nous étendrons pas sur les nombreuses compositions historiques écrites en espagnol par Ixtlilxochitl, Tezozomoc, Munoz Camargo, Zurita et autres. Celles d'Ixtlilxochitl embrassent toute l'histoire ancienne du Mexique, les périodes cosmogoniques, l'histoire toltèque, celle des Chichimèques, jusqu'à l'arrivée de Cortès. Interprète du gouvernement espagnol et descendant de la famille royale de Tetzcuco, l'auteur avait sous les yeux, en écrivant, des peintures que lui expliquaient de vieux indigènes, contemporains de la conquête. M. Aubin a eu le bonheur de pouvoir réunir les peintures originales dont l'explication détaillée occupe les cent cinquante premières pages de son histoire chichimèque. Ce sont les belles cartes

---

[1]. TORQUEMADA, lib. XIII, cap. XXXVI.

historiques, § 111, n° 1, du catalogue de Boturini. On jugera des secours qu'elles lui ont fournis pour la question de l'écriture mexicaine et pour la chronologie.

Les manuscrits d'Ixtlilxochitl et plusieurs autres portent des notes et la signature de Veytia, élève, bienfaiteur, puis exécuteur testamentaire de Boturini, et, comme il a été dit plus haut, chargé par le roi d'Espagne de poursuivre les travaux historiques de l'antiquaire milanais. M. Aubin crut devoir donner au Musée de Mexico le manuscrit original de l'histoire inachevée de Veytia, publiée et continuée par un poëte aimable, D. Francisco de Ortega, avant qu'il en eût retrouvé le prologue et les tables chronologiques.

De nombreux fragments de Gama, de Pichardo et d'autres écrivains jettent du jour sur divers points historiques. Ceux d'Ordoñez font connaître les traditions religieuses des indigènes voisins des ruines de Palenque.

Une grande quantité de relations de voyages entrepris par ordre du gouvernement espagnol, et accompagnées de cartes manuscrites, fort importantes pour la géographie et l'ethnographie de la région comprise entre le Mississipi et le Grand-Océan, pourraient former un ouvrage à part. Plusieurs de ces pièces donnent la plus haute idée de l'influence exercée par les Français sur les nations sauvages de l'Amérique septentrionale, et font naître de douloureux regrets sur les sacrifices imposés par les traités de Louis XV et de Napoléon 1er.

PEINTURES MEXICAINES.

On désigne généralement sous le nom de peintures mexicaines des produits très-divers des arts graphiques chez les différentes nations de la région isthmique de l'Amérique septentrionale, peut-être même de quelques contrées voisines. On y comprend des représentations purement artistiques, des annales, des calendriers, des rituels, des pièces de procès, de cadastre, de comptabilité, enfin les signes de l'écriture et de la numération.

Cette confusion tient, en partie, à la nature même de ces ouvrages. La plupart appartiennent à ce genre de composition mixte, empruntant le secours de l'écriture et du dessin, comme nos cartes géographiques, nos plans et certaines gravures avec légendes, où les figures et les localités se trouvent accompagnées de leur nom propre et quelquefois d'un texte explicatif. En général, sur un fond ou dans un cadre topographique, à côté, au-dessus, ou au milieu de compartiments indiquant l'année et quelquefois le jour, les peintures mexicaines offrent les principaux événements représentés en style conventionnel, par exemple : la tête de profil et l'œil de face ; les hommes en rouge-brun, les femmes en jaune, etc., particularités qu'on retrouve chez les Égyptiens. Derrière un buste ou une tête d'homme, ou sur le symbole générique de *ville et village*, des signes figuratifs expriment le nom du personnage ou de l'endroit. Ces signes figuratifs, que nous étudierons bientôt en détail, constituent l'écriture mexicaine[1]. Le reste du tableau est occupé par les indications chronologiques, par une topographie et une iconographie souvent grossières, dont je traiterai ailleurs, me bornant à ajouter, pour le moment, qu'on ne doit guère plus y chercher l'art mexicain que celui de Raphaël, dans nos figures héraldiques ou dans nos cartes à jouer.

Ce que j'ai à dire dans la suite de ce mémoire s'appliquant à la presque totalité de ces productions (en tenant compte des différences de langage pour le phonétisme), je les désignerai encore collectivement sous le nom de Peintures ou de *Mappes* mexicaines. Je ne ferai d'exception formelle que pour quelques pièces presque uniques dans leur genre, telles que le codex de Dresde et un autre assez semblable, conservé à la Bibliothèque Nationale de Paris. Ces livres singuliers, bien qu'offrant quelques rapports avec les *Codices Mexicani*, en diffèrent essentiellement par leurs caractères. Ils paraissent appartenir, ainsi qu'une urne sépulcrale du Musée de Mexico, trouvée, dit-on, dans cette capitale, à la même civilisation que les ruines imposantes de Chiapa, du Yucatan et de l'Amérique centrale. Des compagnies de marchands mexicains entretenaient un commerce très-étendu avec ces contrées, où elles avaient même fait des conquêtes[2].

[1]. Ce sont les signes que M. de Humboldt reconnaît « susceptibles d'être lus. » *Vues des Cordillières*, I, p. 190 et p. 194, où il ajoute : « Ils « savaient écrire des noms en réunissant quelques signes qui rappelaient « des sons. »

[2]. M. Aubin, *Notice sur une collection d'antiquités mexicaines*.

Donnons maintenant une idée des morceaux principaux de la collection de M. Aubin, et qui faisaient autrefois l'ornement du Musée de Boturini.

PEINTURES PROVENANT DE LA COLLECTION DE BOTURINI[1].

« Histoire toltèque. — § Ier, n° 1. Annales peintes et
« manuscrites en nahuatl, en 50 feuilles, papier européen,
« ornées de figures représentant les hauts faits, les expé-
« ditions, les batailles et les personnages de cette nation,
« avec les symboles des jours et des années où les choses
« ont eu lieu. Elles traitent de la venue des Toltèques
« à la fameuse ville de Tula, depuis capitale de leur em-
« pire (ici Boturini se trompe), et continuent jusqu'à
« vingt-six ans après la conquête par les Espagnols. Au
« commencement de ces annales se trouve une peinture
« sur papier européen, doublé en papier indien, etc... »
Gama cite plusieurs fois cette histoire [2]; je n'ai pu traduire qu'imparfaitement les chants chichimèques, conçus en un dialecte étrange.

Je possède une copie du manuscrit cité à la suite par Boturini, § 11, n° 1, et probablement un des fragments, § 11, n° 2, désignés d'une manière insuffisante sur le catalogue.

---

1. M. Aubin, notice déjà citée.
2. Notamment p. 31 et 34 de sa *Descripcion historica*, etc., 2e partie, édit. de 1832.

« Histoire chichimèque. — § III, n° 1. Peintures d'un
« rare mérite, sur papier indien, grand format, où l'on
« voit en figures et caractères, l'histoire de l'empire chi-
« chimèque, depuis Xolotl jusqu'à Nezahualcoyotl....,
« 6 feuilles, sur lesquelles 10 pages sont entièrement
« peintes..... Ixtlilxochitl s'en servit pour écrire l'histoire
« de cet empire, comme il résulte de témoignages au-
« thentiques. » C'est, à mon avis, le plus beau monument
« historique relatif à l'Amérique. Je possède, outre l'ori-
« ginal, une copie faite par Gama, et la description
« complète d'Ixtlilxochitl. C'est avec le secours de cette
« dernière que j'ai pu analyser les innombrables figures
« de ce manuscrit, qui, de son côté, m'a servi pour recti-
« fier les inexactitudes d'Ixtlilxochitl ou des copistes. »

On voit, par ces peintures, que la végétation couvrait
déjà, au douzième siècle, les débris des villes toltèques
détruites dans la lutte des adorateurs de Tezcatlipoca et
de Quetzalcoatl. Or, le serpent emplumé, emblème du
culte proscrit, orne encore des édifices de Chichen et
d'autres points du Yucatan. Il faut donc placer au onzième siècle, et la ruine des Toltèques, et celle d'une con-
trée où leur histoire nous apprend qu'ils furent poursuivis
par d'implacables ennemis.

« § III, n° 2. — Codex en papier indien, relié comme
« un livre in-4°, de 25 feuilles. Il présente au commen-
« cement l'image de l'empereur Xolotl, etc...... »

« § III, n° 3. — Autre peinture sur peau préparée,
« représentant la généalogie des empereurs chichimèques,
« depuis Tlotzin jusqu'au dernier roi Ixtlilxochitzin.
« Elle porte plusieurs lignes en langue nahuatl. » Les
profils sont d'une si précieuse netteté qu'on pourrait les
prendre pour des portraits. On y voit la généalogie et
comment les croyances toltèques, la culture du maïs, l'art
de le convertir en pain et en bouillie, l'usage de la viande
cuite, furent enseignés aux barbares chichimèques par un
ministre de Chalco. Avec l'original, M. Aubin s'est pro-
curé la copie du P. Pichardo et celle de Boturini.

« § III, n° 4. — Autre grande pièce sur papier indien,
« étendue en forme de bande. La partie supérieure est
« séparée de celle d'en bas par les signes des années.
« Elle représente la série des seigneurs chichimèques et
« mexicains, ainsi que les événements des deux monar-
« chies, etc..... » C'est proprement l'histoire synchroni-
que de Tepechpan et de Mexico. Outre l'original, j'ai la
copie faite par le P. Pichardo et un calque de celle dont
parle Boturini, conservée au Musée de Mexico.

La pièce suivante, remontant, comme le n° 3 ci-dessus,
à l'état sauvage des conquérants chichimèques et offrant
la même netteté dans les contours des figures, paraît être
celle que Boturini désigne en ces termes :

« § III, n° 5. — Original. Autre carte sur papier in-
« dien, contenant plusieurs figures, des chiffres numéri-

« ques et quelques lignes en langue nahuatl. Elle con-
« cerne l'empereur Nezahualpiltzintli et ses fils. Elle est
« plus longue qu'une feuille de grand format. »

« § III, n° 12. — Un livre en papier européen, qui
« devait être de 56 feuilles. La première manque aujour-
« d'hui..... Il est signé par un nommé Vergara..... » Je
tirerai bon parti de ce cadastre, remarquable par le grand
nombre de noms en signes rigoureusement syllabiques.
Au bas de la deuxième page, on lit : « 1539. *Marques del
valle virey.* » C'est le titre de Cortès.

§ VII, n° 1. — Je n'ai qu'une copie de cette belle peinture appartenant au Musée de Mexico, et déjà reproduite
par M. Bulloch, par lord Kingsborough, et récemment
par M. John Delafield.

« § VII, n° 3. — Autre carte sur papier européen, en
« 25 feuilles, peut-être tirée d'une plus ancienne. Elle
« explique l'histoire mexicaine, la venue des habitants de
« la Nouvelle-Espagne, leur séjour en plusieurs lieux,
« avec les symboles des années et des jours, l'arrivée des
« Espagnols, la prédication de l'Évangile, et les rites de
« notre religion. » Pichardo et Gama en avaient pris des
copies qui sont aussi en mon pouvoir.

« § VII, n° 10. — Autre carte sur papier indien, expli-
« quant l'histoire de trois cycles, etc..... Elle est curieuse,

« peinte par quartiers, avec les caractères des années,
« comme en forme de croix. » C'est, après les peintures
citées, § III, n° 1, le plus précieux morceau d'histoire
mexicaine originale connu. Gama en donne une description étendue, IIe partie, p. 41. Je possède aussi les copies
faites par ce dernier et par Pichardo.

§ VII, n° 16. — J'ai pris copie de l'original appartenant au Musée de Mexico.

§ VII, n° 17. — J'en possède l'original et la copie faite
par Pichardo.

« § VIII, n° 14. — Histoire de la nation mexicaine,
« partie en figures et caractères, partie en prose nahuatl,
« écrite par un anonyme en 1576, et continuée de la
« même manière, par d'autres auteurs indiens, jusqu'en
« 1608. » Le texte mexicain est l'explication des figures.
Je possède l'original et la copie de Gama, qui cite quelquefois cet ouvrage, suffisant à lui seul pour donner la
clef de l'écriture et de l'iconographie mexicaines.

D'autres articles du même catalogue m'appartiennent
encore, entre autres les 18 feuilles originales du Tonalamatl, § XXX, n° 2, et la belle peinture originale sur peau,
§ XXX, n° 3, avec sa copie. Les *Manuscrits mexicains* suivants, que je possède également, ne viennent pas de
Boturini.

PEINTURES NE VENANT PAS DE BOTURINI

Codex mexicanus, papier américain, en forme de livre, d'une centaines de pages peintes. Il contient l'histoire des Mexicains, année par année, depuis leur départ d'Aztlan jusqu'en 1590. J'en ai aussi une copie faite par Pichardo.

Autre histoire mexicaine, en 18 feuilles, papier ordinaire, figures accompagnées d'un texte nahuatl, pareillement année par année, depuis la sortie d'Aztlan jusqu'en 1569, avec une copie par Pichardo.

Fragments sur papier ordinaire ayant appartenu à Sigüenza. Depuis la feuille 94 jusqu'à la 113°, on voit peintes les principales fêtes du calendrier mexicain, comme dans le manuscrit Letellier de la Bibliothèque Nationale, outre quelques figures de divinités et de rois. A partir de la feuille 113, se trouve l'explication de ce même calendrier, en partie de la main d'Ixtlilxochitl, suivant Gama, qui en a tiré une copie, aussi en ma possession.

Ces *Manuscrits mexicains* et plusieurs autres, dont il serait trop long de parler, offrent peu de rapports avec un grand nombre de peintures mexicaines, insignifiantes ou apocryphes, conservés dans plusieurs collections. Nous ne citons presque ici que des pièces historiques, où le fait est accompagné de sa date. On remarque dans l'économie de ces annales une diversité qui doit nous tenir en garde

contre toute conclusion trop absolue sur le degré de perfection atteint par l'écriture, l'art et les institutions indigènes. Cette diversité a déjà été constatée par Gama. Il dit, II° partie, p. 30 : « Chaque historien adoptait la
« manière de peindre qui lui paraissait plus expressive,
« et on trouve de grandes différences quant à l'ordre et à
« la méthode suivis dans leurs peintures ; de sorte que,
« parmi toutes celles que j'ai vues, je n'en ai pas trouvé
« deux qui fussent entièrement semblables. » La même variété se fait remarquer dans les chroniques composées, encore pendant deux siècles après la conquête, suivant l'ancienne méthode et l'ancien calendrier, par des indigènes plus ou moins familiarisés avec l'usage de l'écriture alphabétique. Quelques-unes s'étendent même jusqu'en 1737. On n'y trouve d'ailleurs que des événements peu intéressants et quelques phénomènes naturels dignes tout au plus de fixer un instant l'attention du philologue ou du physicien.

Ces dernières peintures sont à peu près les seules pièces historiques recueillies, depuis Boturini, par Veytia et Pichardo, munis des ordres du gouvernement espagnol, et par Gama compulsant, « pendant trente-six ans, les
« papiers et les anciens procès d'Indiens et d'Espagnols
« depuis la fondation de la première Audience royale, où
« on trouve, dit-il, des peintures et autres précieux do-
« cuments de ces temps [1]. » Il semble que Boturini eût

---

[1]. *Descripcion*, 2° part., p. 5.

épuisé la source des véritables peintures mexicaines, et acquis, avec la collection de Sigüenza, les annales peintes citées par Ixtlilxochitl et la plupart de celles que les Indiens tenaient cachées, et dont parlent Torquemada, Sahagun, Valadès, Zurita et autres [1]. Depuis que le Mexique a proclamé son indépendance, les recherches de don Carlos Maria Bustamante, restaurateur des études historiques à Mexico, secondé par don Ignacio Cubas, depuis quarante ans attaché aux archives des vice-rois; celles de don Rafael Isidro Gondra pour former le Musée National; celles de MM. Waldeck, Bulloch, Uhde, Naxera et les miennes, n'ont presque fait découvrir aucune pièce importante qui n'eût appartenu à l'infortuné antiquaire. La magnifique publication de lord Kingsborough ne nous a valu que des données sans intérêt réel pour la chronologie et l'histoire, quoique très-précieuses sous d'autres rapports.

Mais nous devons aux recherches de Gama d'autres peintures, telles que : des titres de propriétés, des témoignages juridiques, des actes administratifs, etc., présentés par des indigènes à l'Audience royale de Mexico, et expliqués par les interprètes royaux ou par les débats judiciaires. Citons-en quelques-unes :

Copie de trois cartes sur papier de maguei, faites par

---

[1]. Torqu., lib. II, prol. et cap. i; lib. II, cap. xlii; lib. III, cap. vi; lib. X, cap. xxxvi; lib. XIV, cap. vi; lib. XV, cap. xlix..... Sahagun, lib. X, cap. xxvii et *passim*.

ordre du dernier roi de Mexico, d'après d'autres plus anciennes, relatives au partage de la lagune entre les quartiers de Mexico-Tlatelulco et de Mexico-Tenochtitlan. Elles sont accompagnées d'une ordonnance assez longue et curieuse, rendue en 1523 par Quauhtimoc. Manuel Mancio, interprète de l'Audience royale, a traduit le texte et expliqué les cartes, en 1704, par ordre de la cour. L'ordonnance de Quauhtimoc (vulgairement nommé Guatimotzin) rappelle quelques dates importantes depuis 1361.

Cadastre de terres conquises à Izhuatepec, etc., comprenant 25 feuilles de figures ou de textes écrits en 1539, 1573, 1599, etc. Une ordonnance du roi de Mexico Itzcohuatl nous apprend que ce sont des terres distribuées par lui, en 1438, aux capitaines mexicains qui l'ont aidé dans ses guerres. Outre l'image de Itzcohuatl, on y voit celle des rois mexicains qui l'ont précédé et suivi, ainsi que d'autres renseignements historiques. L'original est conservé avec soin par les indigènes d'Izhuatepec, près Mexico. La copie, appartenant à M. Aubin, porte des notes marginales de Gama, prouvant le parti que cet astronome en a tiré pour fixer le jour de la prise de Mexico par Cortès, base sur laquelle repose la concordance des calendriers mexicain et européen.

Procès intenté en 1564, à Jorge Ceron, ancien premier alcade de Chalco, par des indigènes contraints à des corvées illégales : 24 pages de figures entremêlées et suivies de texte, plus une grande feuille de papier indien. M. Aubin possède les originaux et une copie prise par Pichardo. Gama dit, 2° partie, page 139 : « Parmi toutes « les pièces curieuses de cette naure qui m'appartiennent, « ce fragment est celui auquel je dois le plus de lumières « sur l'arithmétique des Mexicains, etc. » Malheureusement Don Carlos-Maria Bustamante a publié les observations de Gama sans les figures : c'est dire que ce dossier mérite d'être publié en entier. Torquemada parle de ce Jorge Ceron ou Seron, l. XIX, cap. VIII.

Plainte portée en 1566, devant l'Audience royale, par le gouverneur, l'alcade, etc., de Temazcaltepec contre l'alcade, les alguazils et les habitants de Malacatepec, qui les ont pillés à main armée, ont brûlé plusieurs maisons et emmené captifs huit indigènes. Environ 150 pages de texte, plus douze peintures sur papier de maguei, complétement expliquées par les dépositions de vingt témoins et par le reste de la procédure.

Nous pourrions citer une vingtaine d'autres dossiers judiciaires non moins instructifs, différents rôles de tributs, des cadastres, des matricules. Mais nous terminerons par une dernière classe de peintures propres à donner en même temps une idée des principales méthodes graphiques américaines et des éléments étrangers qui en ont jusqu'ici compliqué l'étude. Nous voulons parler des catéchismes ou doctrines chrétiennes (*doctrinas cristianas*) en images, employés à la conversion des indigènes.

PEINTURES CHRÉTIENNES

Prières, catéchismes ou doctrines chrétiennes (doctrinas cristianas) *et autres compositions dévotes en figures.*

Suivant Torquemada, huit ou neuf ans après la prise de Mexico, « Testéra, de Bayonne, frère du chambellan « de François Ier... ne pouvant apprendre, aussi vite qu'il « aurait voulu, la langue des Indiens, pour y prêcher, et « impatient du retard... se livra à un autre mode de pré- « dication par interprète, ayant avec lui les mystères de « la Foi peints sur une toile et un Indien habile qui ex- « pliquait aux autres, en leur langue, ce que disait le ser- « viteur de Dieu ; il en retira un grand profit pour les « Indiens, aussi bien que des représentations dont il se « servait beaucoup [1]. »

Sahagun [2], Motolinia [3], Pierre de Gand [4], tous les

---

1. Torqu., lib. XX, cap. xlvii ; lib. XIX, cap. i, ii et xiii ; lib. XV, cap. xviii.— Betancurt, *Menologio*, p. 84. — Gonzaga, *de Origine seraphicæ religionis*, etc., p. 1221, 1243, 1305. — Cogolludo, *Historia de Yucathan*, lib. II, cap. xiii ; lib. VI, cap. xii. — Barezzo Barezzi, *Chroniche dell' ordine*, etc., P. IV, lib. III, cap. xlviii.
2. Sahagun, *Hist. general....* lib. XI, cap. xiii.
3. Motolinia (*Toribio de Benavente*) MS.
4. P. de Gand avait donné, cinq ou six ans auparavant, des leçons de peinture et de sculpture ; mais complice des franciscains espagnols dans la destruction des monuments antiques, ces leçons ne doivent s'entendre que des procédés artistiques, et nullement de leur emploi didactique. Voy. sa lettre du 29 juin 1529, f⁰ 126, *Chronica*, etc.; par F. Amandum Zierixcensem, Antuerpiæ, 1534, et M. Ternaux, *Recueil de pièces*, p. 201.

franciscains[1] ayant adopté les tableaux de leur gardien Testéra (depuis commissaire général des Indes, et revenu une seconde fois d'Europe à la tête de cent cinquante moines), la peinture indigène, jusque-là persécutée, reparut et s'y mêla, dans une partie considérable des possessions espagnoles. Nous trouvons Testéra à Mexico en 1529 et 1530, à Champoton en 1531. Chassé du Yucatan par des Espagnols dont il voulait contenir les excès, on l'y retrouve en 1534, et peut-être une autre fois encore. « Il n'y eut pas un pied de terre, alors ici dé-
« couverte, dit toujours Torquemada, qu'il ne parcourût :
« il alla en Mechuacan, à Guatemala, etc.[2]. » Ces faits, importants pour la discussion de certaines peintures péruviennes et des traces d'un christianisme américain, antérieur à Colomb ; ces faits promettent, pour les écritures figurées de l'Amérique centrale, la lumière qu'ils jettent sur celle du Mexique proprement dit. Des catéchismes, encore entre les mains de quelques Indiens de Chiapa et du Yucatan, portent, assure-t-on, des caractères semblables à ceux des inscriptions de ces contrées que je n'ai pas visitées, mais où, suivant Gonzaga, « la mémoire de
« Testéra s'est longtemps conservée[3], » et où, au temps de Barezzo Barezzi, « les Indiens faisaient tous les ans

[1]. Et parmi leurs commensaux dominicains, Gonzalo Luzero, dont Davila Padilla décrit les peintures, *Historia..... de Mexico*, lib. I, cap. LXXXI.
[2]. « ... après y être allé lui-même (deux fois) avec cinq compagnons, il y envoya Fr. Toribio (le célèbre Benavente, dit Motolinia) avec douze moines. » TORQU., lib. XIX, cap. XIII ; lib XV, cap XVIII.
[3]. GONZAGA, p. 1243.

« ans une fête en l'honneur de leur saint et glorieux
« ami [1]. »

Dans les provinces voisines de Mexico, les interprètes et un grand nombre d'indigènes, employés comme missionnaires, hâtèrent le retour des anciennes méthodes graphiques [2]. Motolinia était accablé d'Indiens se présentant avec leur confession en figures [3]. Valadès, en 1579, et Torquemada, près d'un siècle depuis la conquête, en recevaient encore de semblables : de leur temps, les peintures étaient quelquefois préférées à l'écriture alphabétique par des Indiens parfaitement exercés à cette dernière [4].

On distingue plusieurs sortes de compositions catéchistiques depuis l'arrivée de Testéra (1529) jusque vers 1600, époque à laquelle le laborieux J. Baptista, se servant encore de peintures et de drames, écrivait l'ouvrage intitulé : « *Hiéroglyphes de la conversion où, par des estampes et des*

---

1. Barezzo Barezzi, P. IV, lib. III, cap. xlviii, p. 284. Venitiæ, 1608.
2. Torqu., lib. XV, cap. xviii.
3. Motolinia MS. et Torqu., liv. XVI, cap. xvi.
4. Traitant de la mnémonique des Indiens «..... Qui etiam si sine litte-
« ris .... formis tamen quibusdam et imaginibus, voluntatem suam vicis-
« sim denotabant, quas gestare solent in panniculis bombycinis, papyro
« bibula ex foliis arborum..... » Valadès ajoute : « Ea consuetudo in ho-
« diernum usque diem in rationum suarum tabulis remansit, non modo
« ab ignorantibus, verum etiam recte legendi scribendique (quorum
« plurimos ad miraculum usque exercitatissimos videas) peritis. » Valadès, *Rhetorica christiana*. P. II, cap. xxvii, p. 93. Perusiæ, 1579. Ton., lib. I, cap. x. Telle est l'origine d'un certain nombre de peintures modernes quelquefois difficiles à distinguer des anciennes. J'ai parlé de celles qui font partie des dossiers judiciaires et administratifs.

« *figures, on apprend aux naturels à désirer le ciel*[1]. »
Les plus remarquables sont : 1° celles de Testéra et des premiers franciscains; 2° celles de nature mixte; 3° celles en caractères phonétiques.

Les premières, simplement imitatives, comme on l'entrevoit par ce qui précède, et d'ailleurs d'origine européenne, ne méritent pas de nous arrêter, au moins pour ce qui concerne le Mexique. Il en sera peut-être autrement pour les Amériques centrale et méridionale, où ces catéchismes forment le premier épisode d'une querelle qui finit par ensanglanter le Pérou et les bords de la Plata. Les jésuites eurent près de quatre cents morts au combat de l'Assomption, où ils prirent l'évêque franciscain Cardenas [2]. Au Mexique, des mesures énergiques prévinrent de semblables excès, mais elles ne purent empêcher de nouvelles destructions de monuments antiques, ni la suppression d'immenses travaux des franciscains sur la statistique, l'histoire et la linguistique américaines.

Les catéchismes mixtes ne sont guère autre chose que les précédents, remaniés par les indigènes pour la pédagogie, pour la prédication ou pour les représentations scéniques. Tantôt c'est un nom propre que l'Indien ajoute en rébus phonétiques; tantôt, mais plus rarement, c'est

---

1. BETANCURT, *Menologio*, p. 144. Mexico, 1698. — J. BABTISTA, *Confessionario*, prol. p. 2.
2. Il s'agissait, cette fois, de savoir si, au catéchisme, on appellerait Dieu, *Dios* ou *Tupa*. Lettre de Cardenas, *Collecion general de documentos*, t. II, p. 93 et 60; t. I, § 14, p. 145, éd. in-8°, p. 144, édit. in-4°. Madrid, 1768.

un signe explicatif de l'action représentée. Quand ces indications manquent, il est fort difficile de savoir si la peinture est véritablement testérienne ou indigène. De là, d'interminables démêlés entre les ordres monastiques et l'erreur de quelques savants trompés, comme de Brosses, par l'inexactitude des descriptions et la partialité des témoignages [1].

C'est à ces deux premières classes qu'appartiennent cinq des catéchismes en images de M. Aubin. L'un, portant le nom et des notes de Sahagun, est ainsi décrit par Boturini :

« § XXV, n° 1. Originaux. Onze feuilles de doctrine en
« figures et en chiffres, sur papier européen. Son auteur
« est le P. Fr. Bernardino de Sahagun, franciscain. C'est
« une chose à voir très-curieuse avec laquelle les Indiens
« apprenaient facilement les mystères de notre foi. »

Les doctrines phonétiques ou de la troisième classe sont ainsi décrites par Torquemada, « le premier, dit Ixtlilxochitl, qui ai su interpréter les peintures et les chants dans son ouvrage intitulé : *Monarchie indienne* [2]. » Après avoir parlé des cailloux dont quelques Indiens se servaient pour apprendre le *Pater Noster*, ce franciscain ajoute : « ..... D'autres rendaient le latin par les mots de
« leur langue, voisins pour la prononciation, en les repré-
« sentant non par des lettres, mais par les choses signi-

---

1. Traité de la formation mécanique des langues, chap. VII, § 14.
2. Ixtlilxochitl, *Histoire des Chichimèques*, MS. et trad. de M. Ternaux, I, cap. XLIX, p. 355.

« fiées elles-mêmes ; car ils n'avaient d'autres lettres que
« des peintures, et c'est par ces caractères qu'ils s'enten-
« daient. Un exemple sera plus clair. Le mot le plus
« approchant de *Pater* étant *Pantli*, espèce de petit dra-
« peau servant à exprimer le nombre *vingt*, ils mettent ce
« guidon ou petit drapeau pour *Pater*. Au lieu de *noster*,
« mot pour eux ressemblant à Nochtli, ils peignent une
« figue d'Inde ou Tuna, dont le nom *Nochtli* rappelle le
« mot latin *noster;* ils poursuivent ainsi jusqu'à la fin de
« l'oraison. C'est par des procédés et des caractères sem-
« blables qu'ils notaient ce qu'ils voulaient apprendre par
« cœur... Tout cela se rapporte aux premiers temps de
« leur conversion... Car aujourd'hui (entre 1592 et 1614)
« ils n'ont plus besoin de ces caractères antiques (*aquellos
sus caracteres antiquos*) [1]. »

Ce passage, qui donne la véritable clef de l'écriture mexicaine, confirme ce que Torquemada dit ailleurs [2] des *lettres réelles* ou *rébus*, encore en usage de son temps ; ce qu'il ajoute d'une intéressante classe de moines totonaques chargés de composer, « *de mettre en bon style et d'écrire
« en figures les discours que les Pontifes prononçaient en
« public* [3] » ; enfin ce qu'on sait par Sahagun [4] et par

1. Torqu., *Monarquia indiana*, lib. XIV, cap. xxxvi.
2. « *Letras reales de cosas pintadas.* » Venegas, ap. Tor., lib. I, cap. x. « Lettres réelles de choses peintes » ou « *in rebus* », que j'appellerai « rébus. »
3. Lib. X, cap. viii.
4. Sahagun, lib. III, appendice. — Cogollulo, *Histoire de Yucatan*, lib. IX, cap. xiv, p. 507.

d'autres auteurs, de livres pour l'enseignement renfermant « *des chants en caractères antiques.* »

On pourrait donc prendre pour point de départ ces catéchismes figuratifs et surtout les belles peintures chrétiennes du Musée de Mexico, également remarquables par un excellent goût de dessin et par des essais d'écriture syllabique. Mais les contradictions des auteurs ecclésiastiques exposant à des reproches du genre de ceux quelquefois adressés à Champollion, je ne pousserai pas plus loin une marche qu'on pourra reprendre pour les écritures de l'Amérique centrale, de l'Équateur et du Pérou. Pour le Mexique, nos résultats reposeront sur des documents purement indigènes [1].

La publication de la partie la plus essentielle de cette collection comprendrait approximativement :

1° *Écriture, Numération, Cadastre, Calendriers, Économie des peintures mexicaines.* — 1 volume de planches expliquées par 2 ou 3 volumes d'extraits de dossiers judiciaires et administratifs et autres pièces justificatives ;

2° *Chronologie, Histoire, Religion.* — 4 ou 5 volumes de planches renfermant l'histoire pittoresque et chronologique depuis le x* siècle ; 5 ou 6 volumes de textes expli-

1. M. Aubin, *Notice*, etc.

catifs mêlés aux figures; traduction en regard; notes philologiques. 200 planches sont déjà lithographiées;

3° *Manuscrits mexicains.* (Littérature historique.) — 5 ou 6 volumes de chroniques de Chimalpaïn, de Tezozomoc, de Castillo et d'autres, depuis l'an 669 de J.-C., avec quelques dates antérieures; traduction en regard, notes philologiques;

4° *Manuscrits espagnols.* (Histoire, Géographie, Administration, Voyages.) — 8 à 10 volumes. La traduction peut en être différée.

Total : 5 à 6 volumes de planches et 20 à 25 volumes de texte; le tout entièrement inédit, et non compris de nombreux documents pour l'histoire moderne, et, pour la linguistique, les grammaires ou les vocabulaires d'une vingtaine de langues américaines.

Moins heureux que M. Aubin, lord Kingsborough, ne pouvant acquérir les précieux originaux sur les antiquités mexicaines dont il avait entendu parler, résolut de les faire copier, et il chargea de ce travail M. Augustin Aglio qui, pendant cinq ans, parcourut l'Europe et se dévoua chaleureusement à cette tâche, qui coûta deux millions de francs à lord Kingsborough ainsi que sa liberté et sa vie, car il mourut, si nous ne nous trompons, dans une prison de Dublin, où il fut enfermé pour dettes.

Cette importante collection, connue dans le monde savant sous le nom de l'infortuné lord, est signée de celui de son éditeur, M. Augustin Aglio, et se compose de neuf volumes, qui contiennent les matières suivantes :

Ier vol. Copie de la collection de Mendoza, conservée dans la Bibliothèque Bodleian d'Oxford, 73 pages ;

Copie du codex Teleriano-Remensis, conservée dans la Bibliothèque impériale de Paris, 93 pages ;

Fac-simile d'une peinture hiéroglyphique mexicaine de la collection de Boturini, 23 pages ;

Fac-simile d'une peinture mexicaine, conservée dans la collection de sir Thomas Bodley, à la Bibliothèque Bodleian d'Oxford, 40 pages ;

Fac-simile d'une peinture mexicaine, conservée dans la collection *Selden*, des manuscrits, à la Bibliothèque Bodleian, d'Oxford, 20 pages ;

Fac-simile d'une peinture hiéroglyphique mexicaine en rouleau, conservée dans la collection *Selden*, à la Bibliothèque Bodleian d'Oxford.

IIe vol. Copie d'un manuscrit mexicain, conservé dans la Bibliothèque du Vatican, 149 pages ;

Fac-simile d'une peinture mexicaine donnée à l'université d'Oxford par l'archevêque Laud, et conservée à la Bibliothèque Bodleian, 46 pages ;

Fac-simile d'une peinture mexicaine, conservée à l'Institut de Bologne, 24 pages ;

Fac-simile d'une peinture mexicaine, conservée à la Bibliothèque impériale de Vienne, 24 pages ;

Fac-simile de peintures mexicaines, déposées à la Bibliothèque royale de Berlin par le baron de Humboldt, et d'un bas-relief mexicain conservé dans le cabinet des Antiques.

III° vol. Fac-simile d'une peinture mexicaine, conservée au Musée du Collége de la propagande de Rome, 76 pages ;

Fac-simile d'une peinture mexicaine conservée à la Bibliothèque royale de Dresde, 74 pages ;

Fac-simile d'une peinture mexicaine appartenant à M. de Fezervary, à Pesth, en Hongrie, 44 pages ;

Fac-simile d'une peinture mexicaine, conservée à la Bibliothèque du Vatican, 96 pages.

Le IV° vol. contient la reproduction des monuments de la Nouvelle-Espagne, dessinés par M. Dupaix ; des sculptures mexicaines de M. Latour-Allard, de Paris et du Musée britannique ; d'une gravure du cycle mexicain, provenant d'une peinture ayant appartenu à Boturini ; de quipos péruviens, etc.

Les V° et VI° vol., dédiés à lord Kingsborough, contiennent des traductions, des interprétations et des dissertations sur les antiquités américaines.

Le VII° contient l'*Historia universal de las cosas de Nueva España*, par M. R. P. Fr. Bernardino de Sahagun.

Le VIII⁵ contient des notes supplémentaires sur les antiquités de Mexico, des extraits d'auteurs espagnols et l'*Histoire des Indiens de l'Amérique du Nord,* par Adair, qui cherche à prouver que les Indiens descendent des Juifs.

Le IX⁵ et dernier comprend la *Cronica mexicana,* de Fernando de Alvarado Tezozomoc ; l'*Historia chichimeca,* de Ixtlilxochitl, et d'un aperçu, également en espagnol, sur les rites anciens, les sacrifices et superstitions des Indiens de la Nouvelle-Espagne, de leur conversion à la foi et de leurs premiers prédicateurs.

Comme on le voit, tous les documents qui ont été reproduits jusqu'à ce jour concernent particulièrement l'histoire ancienne de la Nouvelle-Espagne. Le gouvernement des États-Unis, il est vrai, fit publier à grands frais un ouvrage volumineux, rédigé par M. Henri Schoolcraft, et dans lequel ont été reproduites des inscriptions indiennes, anciennes et modernes, des indigènes de l'Amérique du Nord, ainsi qu'un certain nombre de leurs chants, des cartes géographiques, des souvenirs historiques, des pétitions pictographiées et autres productions idéographiques des Peaux-Rouges, mais ces pièces sont peu nombreuses et fort courtes. Ceci devait nous faire supposer que les Indiens ne s'étaient jamais donné la peine de produire aucun monument manuscrit de longue haleine, car depuis trois siècles on n'en a pas découvert un seul nulle part.

On ne devait donc pas s'attendre à trouver dans une Bibliothèque de Paris un manuscrit important tracé de la main de quelque sachem initié à toutes les institutions secrètes de sa tribu. C'est pourtant ce qui est arrivé. La Bibliothèque de l'Arsenal possède, depuis près d'un siècle, un volume manuscrit, enfoui dans une boîte qui le renferme et qui porte dans les catalogues le titre de « *Livre des sauvages* ». Ce volume, en effet, a été crayonné par des sauvages de la Nouvelle-France.

M. le marquis de Paulmy, qui le possédait dans sa précieuse bibliothèque, devenue aujourd'hui la propriété de l'État, sous le nom de *Bibliothèque de l'Arsenal*, l'avait reçu, probablement en présent, de quelques voyageurs, comme beaucoup de livres chinois et divers manuscrits orientaux qui lui ont été donnés par des missionnaires. Nous n'avons pu, d'ailleurs, découvrir d'une manière certaine la provenance de ce *Livre des sauvages*.

C'est un recueil de figures et d'hiéroglyphes entremêlés de lettres et de chiffres très-grossièrement et très-naïvement dessinés, à la mine de plomb et au crayon rouge, sur un papier épais de fabrique canadienne. Ce recueil, incomplet au commencement et à la fin, offre en outre des lacunes regrettables dans le cours du volume. Il se compose encore de 114 feuillets, format petit in-4°, plus ou moins altérés par l'eau de la mer, qui les a fait adhérer entre eux.

Ce manuscrit nous avait été signalé comme un monument très-curieux, et peut-être unique au monde, par le célèbre bibliophile M. Paul Lacroix, conservateur de la Bibliothèque de l'Arsenal. Un savant missionnaire, qui revenait des États-Unis, où il avait longtemps séjourné parmi les tribus indiennes, eut connaissance presque en même temps que nous de ce précieux manuscrit et en fit prendre un *fac-simile*, avec l'intention de le recommander aux archéologues mexicains.

La publication de ce volume aurait été certainement faite par le congrès des États-Unis ; mais nous avons pensé que la France, qui avait recueilli et conservé ce témoin muet de l'occupation du Canada par les Français, devait se faire honneur de cette publication, qui prouvera ses sympathies pour un pays si longtemps uni à la destinée de la France. Son Excellence M. le Ministre d'État et de la maison de l'Empereur a daigné s'associer à nos intentions patriotiques, en nous fournissant les moyens de faire cette entreprise.

Nous devons adresser ici nos remercîments sincères à M. de Mercey, directeur des Beaux-Arts, qui, comprenant toute l'importance de cette publication, a bien voulu faire agréer notre projet à Son Excellence M. le Ministre. On ne saurait montrer assez de gratitude aux gouvernements qui, dans l'intérêt de la science ou des arts, viennent généreusement prêter leur concours aux œuvres intellectuelles qui ne pourraient jamais voir le jour, si les hommes qui s'y livrent étaient laissés à leurs ressources individuelles.

Aussi, c'est avec les sentiments de la plus vive reconnaissance que nous remercions le gouvernement de S. M.

l'Empereur Napoléon III de sa promptitude à répondre à notre supplique et à faire tous les frais de cette publication.

Nous ne croyons pas qu'on ait jamais publié un manuscrit plus rare et plus singulier que celui-ci : il appartient incontestablement aux anciennes populations de la Nouvelle-France, et il a été exécuté dans le xvii° siècle. Nous n'avons pas la prétention d'en donner la traduction, ce ne serait guère possible, avec les faibles renseignements que l'on possède sur la pictographie des Peaux-Rouges : néanmoins, nous pensons pouvoir expliquer non-seulement le sujet de ce manuscrit, mais encore un grand nombre des hiéroglyphes qu'il contient. Mais avant de commencer cette explication nous donnerons quelques détails préliminaires sur l'idéographie indienne.

II

NOTICE

SUR LES INSCRIPTIONS AMÉRICAINES ET SUR LA PICTOGRAPHIE DES PEAUX-ROUGES.

Sans vouloir expliquer l'introduction des arts graphiques chez les tribus américaines en particulier, nous pouvons hardiment attribuer leur origine aux mêmes causes qui les ont fait naître chez les autres peuplades primitives de la terre, si toutefois ils n'ont pas été transplantés de l'ancien monde dans le nouveau.

Lorsque la grande famille humaine commença de se former en petites sociétés, ses notions religieuses étaient aussi limitées que ses connaissances dans les arts. Elle avait moins d'amour que de crainte pour la divinité qui l'avait châtiée des fautes de ses ancêtres par l'effrayant cataclysme du Déluge, dont le souvenir s'est conservé jusqu'à nos jours dans l'esprit des peuples les plus barbares. Mais cette crainte se reportait également sur les objets créés dont la nature avait quelque chose d'imposant, de mystérieux, de dangereux ou de redoutable. Aussi, lorsqu'un homme devenait l'heureux vainqueur d'un quadrupède, d'un reptile ou de tout être réputé pernicieux ou puissant, il se plaisait à perpétuer le souvenir de son triomphe par la représentation grossière de l'objet pris ou tué. Plus tard, des signes auxiliaires vinrent s'ajouter à ces substantifs et leur donner de la vie en désignant les détails simples et généraux de l'action représentée.

Telles sont les premières conceptions qui ont dû présider à l'art pictographique et le mettre en usage parmi les peuplades primitives. La pictographie fut la base des hiéroglyphes, comme ceux-ci furent la base des caractères alphabétiques.

Dans ces ébauches d'un art naissant, on n'avait recours qu'à des signes symboliques ou représentatifs d'idées. Les Égyptiens imaginèrent ensuite de représenter des sons articulés par la représentation de figures animales et d'objets inanimés ; ils perfectionnèrent le système hiéroglyphique en rappelant des noms propres et autres, au moyen de cartouches contenant une série de signes phonétiques. Grâce à la découverte de M. Champollion, qui vit dans chaque signe hiéroglyphique la valeur phonétique d'une simple voyelle ou d'une consonne, on a pu lire sur les inscriptions égyptiennes des noms propres, des substantifs, des verbes et des adjectifs ; en un mot, on a déchiffré ces monuments d'une civilisation que les savants et les philosophes avaient fort exagérée, car, après le travail admirable de notre illustre compatriote, on voit que tout hiéroglyphe phonétique est l'image d'un objet physique dont le nom en langue égyptienne commence par la voyelle ou par la consonne qu'il s'agit de représenter.

En appliquant ainsi le système égyptien à la langue française, nous pouvons former le mot *abbé* en mettant, par exemple, dans un cartouche, les figures d'un *a*gneau, d'un *b*ateau, d'une *b*alance et d'une *é*pée : ces quatre mots, comme on le voit, commencent par les caractères alphabétiques dont nous avons besoin pour composer le mot *abbé*. Cet exemple nous prouve que les hiéroglyphes égyptiens n'indiquent pas un grand progrès dans l'art graphique, et que les Égyptiens ont été dépassés en cela non-seulement par les Chinois, mais encore par les peuples de l'Amérique centrale.

Dans l'une des trois écritures employées par les Égyptiens, les caractères symboliques jouent néanmoins un grand rôle, comme chez les Peaux-Rouges, et l'on sait qu'Horapollon nous a même conservé la signification d'un certain nombre de ces caractères : ainsi l'*ibis* désignait le cœur ; l'*épervier*, l'âme ; la *flûte*, l'homme aliéné ; le nombre *seize*, la volupté ; la *fourmi*, le savoir ; le *nœud coulant*, l'amour ; etc.

L'écriture mexicaine, d'après M. Aubin, présente au moins deux degrés de développement. Dans les compositions grossières dont les auteurs se sont presque exclusivement occupés jusqu'ici, elle est fort semblable aux rébus que l'enfance mêle à ses jeux. Comme ces rébus, elle est généralement phonétique, mais souvent aussi confusément idéographique et symbolique. Tels sont les noms de villes et de rois cités par Clavigero, d'après Purchas et Lorenzona, et d'après Clavigero par une foule d'auteurs.

Dans les documents historiques ou administratifs d'un ordre plus élevé, l'écriture figurative, constamment phonétique, n'est plus idéographique que par abréviation ou par impuissance. Itzcoatl [1] (serpent d'obsidienne), nom du quatrième roi de Mexico, a pour rébus, dans les tribus de Lorenzona [2] et dans toutes les peintures populaires, un serpent (*coatl*) garni d'obsidienne (*itztli*), pouvant à volonté s'interpréter, phonétiquement, par le son du mot, ou, idéographiquement, par son acception grammaticale. Mais tout devient phonétique dans les peintures plus précises. Le codex Vergara (Boturini, § III, n° 12), f. 39, 42, 49, 52, écrit syllabiquement ce même nom d'Itzcoatl au moyen de l'obsidienne (*itz-tli*, racine, *itz*), du vase (*comitl*, racine, *co*) et de l'eau, *atl* [3].

Nous devions mentionner sommairement ces deux systèmes de la pictographie des Égyptiens et des Mexicains pour montrer les analogies qu'ils ont avec l'art graphique des Peaux-Rouges.

Quoique les Indiens de l'Amérique septentrionale et leurs ancêtres aient fait peu de progrès dans l'art de rendre la pensée par des signes et des figures, néanmoins

---

1. *itzcoatl*, ou *itzcohuatl*, ou *izcohuatl* paraît être primitivement le nom d'un poisson appelé *robalo* par les Espagnols et *izcohua* par Hermandez, mais il n'est jamais écrit de cette manière.

2. LORENGANA, *Hist. de Nueva España*, pl. 3, et dans lord Kingsborough, pl. 1'°, 2° part. de la collection de Mendoya. Clavigero, t. I°, appendice.

3. Voir AUBIN, *Mémoire sur la peinture didactique et l'écriture figurative des anciens Mexicains*.

les représentations symboliques dont ils se servent à cet effet sont arrangées d'une manière uniforme et systématique, qui se retrouve parmi toutes les tribus du continent américain. Les Indiens ont, comme les Égyptiens, différentes manières d'écrire, soit par des signes phonétiques, soit par des signes *hiératiques* ou sacerdotaux, et des signes *démotiques* ou vulgaires. Le caractère général de ces figures se compose de signes *kiriologiques*, c'est-à-dire peignant l'objet même dont il s'agit, et de signes *symboliques* ou allégoriques, c'est-à-dire peignant la forme typique, idéale ou conventionnelle de l'objet que l'on veut désigner.

Ils possèdent également des signes mnémoniques ; nous verrons aussi que parmi les tribus algonquines, les Chippeways et autres peuplades du Nord, il existe des chansons écrites en caractères phonétiques ; mais ce sont des exceptions et non une coutume générale, et nous verrons par la suite quelle est la nature de ces signes.

La pictographie indienne n'est pas une science déterminée, ayant des règles immuables et des lois fixes : c'est le premier pas fait par un peuple encore enfant pour sortir de la barbarie et consigner les simples annales d'une histoire qui commence. Par ces efforts d'une jeune intelligence, la nature dirigeant de la même sorte les individus qui se trouvent dans les mêmes conditions, il s'ensuit que, sans avoir eu d'autres maîtres que la tendance naturelle qui pousse l'homme vers le progrès, les Indiens de toute l'Amérique du Nord ont su représenter d'une manière à peu près analogue des idées, des faits, des dogmes, des préceptes et même des sentiments.

Une chose digne de remarque, c'est que les inscriptions anciennes de l'Amérique septentrionale ont le même caractère que les inscriptions les plus modernes. Cette fixité dans la manière de consigner la pensée au moyen de signes symboliques ou représentatifs indique une répugnance à changer une ancienne méthode pour en prendre une nouvelle ; elle dénote aussi l'état simple, erratique, d'une société stagnante, isolée, ne vivant que de guerres et de chasses, léguant aux générations futures les arts primitifs qu'elle avait reçus des générations précédentes et qui suffisaient à des besoins limités.

A part les inscriptions purement historiques, la grande majorité des hiéroglyphes des Peaux-Rouges ont pour objet la manifestation de leurs croyances religieuses et de leur puissance mystérieuse, basées sur le système de la multiplicité des esprits inférieurs ou secondaires, qui forme le caractère principal de leur théogonie. C'est également ce système qui a suscité l'idée de la magie médicale des *Midés* et les notions orientales des oracles et des prophètes des *Jissakids*, dont nous parlerons bientôt, et qui ont converti leur art en rites nécromantiques.

Parmi les archéologues et les ethnographes des deux mondes qui se sont occupés des antiquités américaines, il y en a peu qui aient cherché sérieusement à déchiffrer ces sortes d'hiéroglyphes, au moyen desquels les Peaux-Rouges ont essayé de tous temps de rendre leurs idées, pour rappeler tout simplement un fait, une croyance, une coutume, ou pour léguer à leur postérité le souvenir d'un de ces événements qui font époque dans la vie d'un homme ou dans l'histoire d'une nation. La cause de cette indifférence pour la pictographie indienne est certainement moins le manque de matériaux propres à une pareille étude que le mépris affecté que l'on affecte en général pour les Indiens, à qui l'on refuse trop arbitrairement toute capacité intellectuelle ou artistique. Il est vrai que la variété des signes hiéroglyphiques et des figures symboliques des indigènes, leurs lignes informes et bizarres, ont pu décourager bien des antiquaires, qui ne voyaient dans ces signes que des productions grossières d'une imagination étrange, déréglée et purement individuelle.

Nous avouons sans peine que les Peaux-Rouges sont loin d'être doués d'une intelligence supérieure et remarquable; mais sept années d'une étude approfondie, impartiale et constante de leurs mœurs, de leurs coutumes et de leur histoire, nous ont convaincu que le mépris qu'on affecte pour leur capacité est trop exagéré, et que dans une certaine mesure ils sont susceptibles d'imitation et même d'invention. Du reste, si la science ne s'occupait exclusivement que des peuples plus ou moins civilisés, les annales historiques du genre humain seraient incomplètes, elles offriraient des lacunes immenses, qui laisseraient planer la plus grande obscurité sur l'origine des nations, leur solidarité, leurs émigrations et les rapports qu'elles ont entre elles.

Tous les voyageurs ont remarqué cette habitude qu'avaient les Peaux-Rouges de représenter des figures sur des peaux, des arbres, des rochers, mais principalement sur l'écorce du bouleau blanc (*betula papyracea*), qui possède une surface lisse, flexible, capable de se rouler et de recevoir facilement toutes sortes d'empreintes. Souvent ces figures sont burinées ou peintes en couleurs. Autrefois ces inscriptions étaient très-communes sur les arbres qui bordaient les sentiers fréquentés par les sauvages, depuis les Florides jusqu'à la baie d'Hudson; mais les pionniers en ont abattu une très-grande quantité. Tous les historiens de l'Amérique septentrionale s'accordent à dire que les Indiens avaient la coutume de tracer ainsi le souvenir de quelque épisode de leur histoire.

Les signes dont ils se servaient pour ces sortes d'inscriptions sont, pour la plupart, symboliques; ils paraissent être à peu près les mêmes que ceux employés par les différentes races de la grande famille humaine avant l'invention des signes phonétiques et des caractères alphabétiques; ils ressemblent à ces dessins grossiers que les enfants tracent sur les murs avec du charbon ou de la craie. Nous croyons que la différence qui existe dans le perfectionnement de ces systèmes hiéroglyphiques, parmi les divers peuples du globe, provient plutôt du degré de civilisation relative ou de barbarie dans lequel ces peuples se trouvaient plongés, que de l'époque de leur formation en sociétés régulièrement organisées et constituées. La position géographique, le climat et le caractère des individus, ont également pu beaucoup influer sur l'arrangement et la forme donnés aux signes hiéroglyphiques.

On trouve de l'analogie, un certain air de parenté dans ces symboles de la pensée, tracés par les peuplades les plus éloignées les unes des autres, lorsque, avant de parvenir à une civilisation plus avancée, elles ont commencé leurs annales publiques ou privées dans un état également voisin de la barbarie.

Nous voyons en effet beaucoup de ressemblance, pour la disposition des sujets et la forme des signes symboliques, entre les monuments des tribus indiennes de l'Amérique du Nord, l'inscription sibérienne gravée sur les bords du Yenisei, représentant des épisodes de chasse, et l'inscription récemment découverte sur un rocher perpendiculaire près de l'Irtisch, dans la Tartarie. Les savants qui ont étudié la pictographie péruvienne et mexicaine, lui trouvent aussi quelques rapports avec les autres systèmes connus de peintures figuratives. A trente-deux kilomètres au nord d'Arequipa, à Huaytara, dans la province de Castro-Vireyna, et près de Huari, dans le Pérou, on rencontre sur des morceaux de granit des multitudes de hiéroglyphes, représentant des personnages, des fleurs, des animaux, des fortifications, etc., dont l'origine est certainement antérieure à la dynastie des Incas, et dont les formes sont à peu près les mêmes que celles de Rocky-Dell, de l'El-Moro et de plusieurs autres localités du Nouveau-Mexique. En Suède, en Norvège et dans la Laponie, le même fait se reproduit, les mêmes analogies se retrouvent, et pourtant il n'est pas douteux que toutes ces inscriptions n'ont pas été gravées par un même peuple, mais bien par plusieurs; seulement, ces peuples étaient encore dans l'enfance de la civilisation. Plus tard, cette manière de reproduire la pensée s'est perfectionnée; elle est devenue un art qui a été poussé très-loin, comme on le sait, chez les Chinois, les Égyptiens et les populations du plateau de l'Anahuac.

De toutes les inscriptions américaines, celle qui a été l'objet de la plus grande attention des archéologues et des antiquaires des deux continents, est l'inscription du *Dighton-Rock,* rocher situé à l'embouchure du Taunton, près de l'Assonet, dans le Massachussetts, et dont nous avons pris un fac-simile. La largeur de ce rocher est d'environ quatre mètres, sur une hauteur de un mètre soixante-dix centimètres. Sa surface est polie, peut-être par la nature, peut-être par la main de l'homme. Longtemps recouverte de mousse, de détritus et d'immondices, cette inscription a sans doute passé inaperçue jusqu'au milieu du siècle dernier, où elle devint le sujet de plusieurs rapports et de discussions scientifiques. Un grand nombre des signes qui la composent ont été plus ou moins effacés par le temps et par les opérations faites pour nettoyer le roc du limon et des herbes qui le recouvraient. Les caractères qui forment cette inscription sont des hiéroglyphes kyriologiques et symboliques, représentant les exploits d'un grand guerrier prophète. Les traits, grossièrement sculptés, paraissent avoir été creusés dans la pierre à l'aide d'un instrument cylindrique en métal. La profondeur des incisions est de moins d'un centimètre, et leur largeur varie de un à deux centimètres.

M. Mathieu[1], écrivain français, avance que les caractères hiéroglyphiques gravés sur le *Dighton-Rock* furent exécutés par les Atlantides, vers l'an du monde 1902 ; il prétend que *In*, fils d'Indios, roi d'Atlantide, est nommé dans l'inscription comme chef d'une expédition qui alla en Amérique dans le but de contracter un traité de commerce ; que ce même *In* devint le père d'une famille distinguée en Chine, et vivait du temps de Yas, en l'année 2296, c'est-à-dire quarante-huit ans après la submersion de l'île Atlantis, ou 1800 ans avant l'ère chrétienne. M. Mathieu ajoute que ces caractères sont les mêmes que ceux qui sont employés dans le système numérique des Chinois, qu'ils ressemblent à ceux en usage chez les Romains, lesquels prétendaient les avoir reçus des Pélasgiens, qui eux-mêmes en étaient redevables aux Atlantides.

Nous ne pouvons nous empêcher de remarquer d'abord que si *In* vivait en 2296, les Atlantides ne pouvaient guère parler en 1902 de son expédition future, à moins que ce ne fût d'une manière prophétique, ce qui n'est pas probable, car l'inscription semble indiquer un fait historique passé, un combat dans lequel il y a eu un certain nombre de morts. Il est donc plus rationnel de croire qu'elle se rapporte à un personnage illustre figuré par un des deux *totems*[2] placés à peu près au centre du rocher, et que ce

---
1. Cité par Warden dans son ouvrage sur les antiquités américaines.
2. Voir plus loin la signification de ce mot.

guerrier ou ses descendants ont voulu perpétuer ainsi le souvenir d'une entreprise militaire glorieuse pour lui.

MM. Yates et Moulton, dans leur *Histoire de l'État de New-York*, pensent que cette inscription est d'origine phénicienne. Ils basent leur opinion sur la similitude de quelques-uns des signes qui composent cette inscription avec des caractères phéniciens ressemblant aux lettres A. M. O. P. W. X. Cette preuve ne nous paraît pas convaincante, attendu que les caractères alphabétiques dénotent une civilisation déjà avancée, et que, sur le continent américain, on ne les trouve jamais mélangés aux signes hiéroglyphiques anciens. Ces prétendus caractères alphabétiques ne sont d'ailleurs autre chose que des signes symboliques : ainsi l'O où le cercle représente ordinairement le soleil dans la pictographie des Peaux-Rouges; l'X, ou la croix de Saint-André, représente le plus souvent un homme mort; l'M une habitation, etc., mais comme la forme donnée à ces signes est un peu arbitraire, il est très-facile de se tromper sur leur interprétation.

On voit encore des inscriptions hiéroglyphiques sur des rochers, dans les États du Connecticut, de la Géorgie, du Kentucky, du Minnesota, de l'Ohio, de Rhodes-Island, etc.; il y en a de très-remarquables et d'assez bien conservées dans l'île de Cunningham sur le lac Erié. La *Carrière des Pipes-Rouges*, du Côteau des Prairies, en recèle de nombreuses, tant anciennes que modernes. On en trouve encore dans les montagnes qui avoisinent le Gila, le Colorado et près de la Sierra de Zûni, dans le Nouveau-Mexique.

Celles de la Sierra de Zûni se rencontrent dans une gorge qui a dû faire partie d'une ancienne route, conduisant de Santa-Fé au Colorado de l'Ouest ou au Mexique. Elles couvrent la partie inférieure d'une montagne verticale, unie sur une étendue d'un demi-kilomètre environ, et appelée *El-Moro*. La gorge percée dans cette montagne est à cent cinquante kilomètres sud-ouest de Santa-Fé, par le 108°,29' de longitude Ouest, et le 35° de latitude Nord. Ces inscriptions gravées à hauteur d'homme sont, pour la plupart, hiéroglyphiques; quelques-unes sont en latin et les autres en espagnol. Les plus basses sont à moitié cachées par des touffes de *pandanus candelabrium*, plante très-commune dans ces régions.

Les inscriptions espagnoles ont différentes dates; quelques-unes ont sans doute été gravées par les compagnons de Juan de Oñate, lorsqu'il fit la conquête de ce pays en 1595; mais les archives de Santa-Fé ayant été brûlées par les Indiens, il est difficile de spécifier les auteurs de ces inscriptions avant l'année 1680. Du reste, la plupart de celles qui appartiennent au xvii⁰ siècle sont en partie inintelligibles. Quelques-unes portent simplement des noms et des dates mélangés avec des hiéroglyphes, dont plusieurs sont de la même époque, et peut-être même postérieurs aux inscriptions espagnoles. En effet, on rencontre fréquemment des croix gravées, soit sur le simulacre d'une tombe, soit isolément ou à côté d'une étoile, ou bien encore au milieu d'un cercle indiquant un *pueblo* [1].

1. Village.

indien. Ce signe du chrétien nous semble prouver que le catholicisme avait déjà pénétré parmi les tribus de ces vastes solitudes.

Une partie de la montagne paraît avoir été choisie pour retracer un fait historique très-détaillée, à en juger par les signes totémiques, les figures humaines, les mains ouvertes, symbolisant l'amitié; les zig-zags indiquant la foudre, les lignes ressemblant au plan d'un *pueblo*, etc. Mais on est obligé de deviner en quelque sorte et par voie de comparaison le sujet de ces récits hiéroglyphiques, car les Indiens, naturellement soupçonneux, sont très-réservés dans leurs conversations avec les étrangers, et divulguent difficilement le secret de ces signes, au moyen desquels ils perpétuent le souvenir de leurs annales.

A l'intérieur de ces petits monuments appelés *estuffas* (étuves), et qui sont très-communs surtout dans les anciens *pueblos*, on voit un système de peintures figuratives de plus perfectionné que celui des inscriptions ordinaires de l'Amérique septentrionale. Les tribus du Nouveau-Mexique, qui ne sont pas encore converties au catholicisme, adorent les astres et le feu, comme le faisaient leurs ancêtres : des représentations de ce culte, ainsi que des signes de leur vénération pour Montezuma, sont peints sur la surface intérieure des murs des *estuffas*. Ces peintures ont beaucoup d'analogie, dans leurs formes et leurs couleurs, avec la pictographie moderne des Peaux-Rouges; néanmoins, elles sont toutes d'une date antérieure à la découverte de l'Amérique par Christophe Colomb, et nous paraissent être l'intermédiaire entre la pictographie perfectionnée des Mexicains et l'art graphique primitif des Indiens du Nord.

Les contours des signes symboliques sont assez corrects ; ils dénotent une connaissance déjà avancée de l'art d'imiter la nature. Dans les *estuffas* un peu ruinées du pays des Jémez on voit, peints en rouge et en bleu, des plantes, des oiseaux et des quadrupèdes, tels que dindes, cerfs, loups, renards, chiens, etc. Les cerfs et les biches surtout sont remarquables par l'exactitude de leurs proportions et la pureté des lignes.

Les Jémez assurent que ces figures n'ont aucune signification ; que ce sont des ornements et non la représentation de quelques événements de leur histoire politique, civile ou religieuse. Mais lorsqu'on connaît le caractère de ces Indiens, il est permis de douter de leur sincérité ; et puis dans ces peintures il y a des signes et des figures groupés de telle façon, qu'ils indiquent évidemment un fait quelconque, un souvenir, une idée complète. Ainsi, une de ces peintures représente l'intérieur d'une chapelle dédiée à Montezuma ; au premier étage, on voit deux hommes assis l'un en face de l'autre, et sonnant de la trompette, sans doute pour demander de la pluie à leur protecteur, car à gauche de cette peinture il s'en trouve une autre représentant la même chapelle, mais sans les deux adorateurs ; au-dessus du temple dans lequel ils prient est peint un éclair avec un dard, indice de l'orage, ce qui montre sans doute que Montezuma a promptement exaucé la prière de ses fidèles croyants.

Les gorges étroites du Chaco, du Chelly et presque toutes les vallées du Nouveau-Mexique possèdent, ainsi que les *estuffas*, de nombreuses inscriptions de tous genres indiquant le même degré de barbarie, sinon les mêmes époques.

La grotte du Rocky-Dell, située sur les confins du Llano Estacado, au nord du Texas, a le plafond couvert de peintures symboliques; et les murailles, ainsi que le plancher, sont remplis de signes hiéroglyphiques. Une de ces inscriptions les plus curieuses représente un homme nu ayant un tomahawck dans une main et un sabre dans l'autre; de chaque côté de la tête il porte deux énormes appendices qui semblent indiquer des oreilles. Un autre personnage, probablement le Grand Esprit, est représenté avec des ailes et un soleil au bout d'une main. Outre ces personnages isolés, on voit encore des groupes de figures allégoriques représentant des faits historiques. D'abord, c'est un navire avec ses voiles, puis un homme debout sur un cheval et un Indien aux jambes nues, qui le regarde par derrière. Des prêtres avec des croix et des Espagnols viennent ensuite.

Une autre peinture, plus compliquée que la précédente, se compose de lignes droites et courbes, de traces de mocassins, de flèches, d'hommes, de chevaux et d'un soleil. Des Indiens racontent qu'autrefois cette localité était un rendez-vous de chasse, où leurs ancêtres se rendaient pour chasser les buffles. Après s'être réjoui pendant longtemps, ils se reposaient près du ruisseau et traçaient sur les murs de la grotte quelques épisodes historiques. Dans ces hiéroglyphes, ils reconnaissent Montezuma placé dans cet endroit pour le sanctifier et conserver les sources du ruisseau ; ils voient aussi le grand serpent créé par Montezuma pour donner de la pluie et préserver la vie de ses adorateurs. Les hommes ayant des cornes sur la tête représentent la danse des buffles, que les chasseurs indiens célèbrent encore de nos jours avant de commencer leurs chasses.

Les hiéroglyphes trouvés dans la vallée du William, près du Rio Colorado de l'Ouest, ressemblent à ceux de l'El-Moro et du Rocky-Dell ; mais ils paraissent moins compliqués, les scènes sont plus simples ou plus abrégées, les signes sont pour la plupart des figures humaines, des animaux symboliques, des mains, des soleils et des lignes de différentes sortes.

Aux environs de Saint-Louis, dans le Missouri, on a trouvé l'empreinte parfaite de pieds humains ciselés sur une pierre calcaire d'un bleu grisâtre, d'environ deux ou trois mètres de long sur un ou deux de large, et qui fut extraite d'une carrière voisine. Ces empreintes sont tout à fait semblables à celles qui ont été copiées sur les terrasses des temples de Thèbes en Égypte, de Karnak, et particulièrement à Nakhaur dans le Bihar méridional ; mais personne n'a pu découvrir encore le sens et les auteurs de cette singulière sculpture.

En 1759 ou 1760, les Américains, voulant surprendre un célèbre Indien du nom de Natanis (probablement de la tribu des Abenakies), envahirent sa maison, qu'ils trouvèrent vide; mais sur les bords de la rivière qui coule auprès de la cabane de Natanis, ils découvrirent une carte dessinée sur de l'écorce de bouleau et suspendue à une perche : cette carte décrivait très-exactement le cours des rivières vers le Canada et les endroits où elles devaient être traversées sous le point de vue stratégique. Les Américains ne manquèrent pas de profiter de cette découverte, qui prouve que les Indiens ne sont point aussi ignorants qu'on se plaît à le croire. Les Lénapes en particulier s'occupaient beaucoup de l'art de graver, appelé par eux *ola-walum*.

Il serait trop long d'énumérer toutes les inscriptions indiennes découvertes jusqu'à ce jour sur le granit des solitudes américaines, dans les gorges obscures et profondes, d'où le ciel ne paraît que comme un léger ruban d'azur flottant au-dessus de montagnes informes, blanchies par le soleil ou brûlées par les volcans. Que de fois, en parcourant ces régions désertes et sauvages que nous aimions tant à contempler, nous nous sommes surpris à rêver tristement sur l'origine, l'état actuel et l'avenir des Peaux-Rouges, lorsque, en nous frayant un chemin au milieu des ronces et des broussailles, nous trouvions sur une roche isolée, sur un cèdre plusieurs fois centenaire, sur un bouleau gigantesque quelques-unes de ces figures grossières, semblables aux dessins que l'enfant, d'une main malhabile, trace sur les murs pour essayer son jeune talent d'artiste...

Les Indiens sont encore des enfants d'un naturel sauvage que les *faces pâles* abrutissent; mais il y a des tribus qui résistent à la corruption et qui profitent même de leur contact avec la civilisation anglo-saxonne pour faire des progrès dans les arts et dans l'industrie. Ainsi les Iroquois, les Chippeways et toutes les tribus algonquines du Nord ont développé l'art graphique d'une manière surprenante. Nous avons vu des originaux et des fac-simile de leur pictographie qui sont d'une exécution artistique passable, quoique barbare encore.

La représentation d'une danse d'Iroquois, dont parle M. Schoolcraft dans son grand ouvrage sur les Indiens, et qui a été dessinée par un de ces sauvages, dénote réellement une vraie connaissance des traits humains, des formes et des proportions anatomiques; il y a de l'imagination dans cette composition et de la souplesse dans les contours. Cette danse, quoique grotesque, est peut-être le chef-d'œuvre de la pictographie moderne chez les Peaux-Rouges. Quelques dessins iroquois et même chippeways rappellent, par leurs formes et leurs couleurs, les figures placées sur les vases étrusques; mais nous avouons qu'ils sont encore bien loin de la perfection de ces produits italiques.

Les Iroquois ont montré de tout temps une grande aptitude à symboliser leurs pensées. Lorsque le comte de Fontenac, à la tête d'une petite armée, envahit leur pays, il trouva sur les bords de l'Oswego un arbre sur lequel les Indiens avaient figuré l'armée française. Au pied de cet arbre, les soldats trouvèrent deux fagots de bois composés de quatorze cent trente-quatre petites branches, indiquant par là le nombre d'ennemis que les Français auraient à combattre [1].

Actuellement, les Peaux-Rouges retracent bien moins souvent leurs idées, leurs annales et leurs souvenirs sur les rochers que sur les arbres et sur les peaux dont ils se servent soit pour leurs vêtements, soit pour leurs tentes. La plupart des guerriers ont ainsi l'histoire de leurs hauts faits tracée sur leurs manteaux, leurs tuniques et leurs wigwams. Il est rare de voir un de ces vêtements sur lequel ne se trouve pas quelques dessins peints en noir, jaune, rouge, blanc ou bleu, représentant des fusils, des lances, des flèches, des boucliers, des chevelures, le soleil, la lune, des hommes, des chevaux, des routes ou quelques sujets mythologiques.

Nous avons eu en notre possession des manteaux de Comanches en peaux de buffle, dont la partie interne était couverte de figures symboliques qui, avant d'être peintes, avaient été légèrement incisées, au moyen d'un instrument tranchant, dans l'épaisseur du cuir. Sur l'un de ces manteaux on voyait figuré un Indien tenant un couteau à scalper dans une main et une chevelure dans l'autre; huit crânes humains étaient à ses pieds, signifiant

---

[1]. Ce fait est certifié par plusieurs historiens du Canada.

probablement que le personnage représenté avait tué huit ennemis. Sur un autre manteau se trouvait dessiné un homme désarmé en face d'un chef guerrier recouvert de ses insignes et brandissant une lance au-dessus de sa tête. Autour des deux combattants on voyait les empreintes rouges de mocassins, dénotant que des Peaux-Rouges avaient assisté comme témoins à ce combat singulier entre deux chefs; un troisième dessin représentait un immense soleil, autour duquel se déroulait le panorama d'une cérémonie du *baptême de feu*, donné au bouclier.

Maintenant nous donnerons quelques détails sur l'art graphique des Peaux-Rouges et sur les particularités qu'il nous présente, afin de faciliter l'interprétation du manuscrit de la Bibliothèque de l'Arsenal, que nous étudierons le mieux qu'il nous sera possible.

III

DE L'ART GRAPHIQUE DES PEAUX-ROUGES ET COMMENTAIRES
SUR LE *LIVRE DES SAUVAGES*.

On n'a jamais douté qu'il n'existât parmi les tribus de l'Amérique septentrionale une espèce d'alphabet pictographique, une série de figures homophoniques qui, par la juxta-position de signes symboliques, représentaient des actions et des idées, obscures, imparfaites il est vrai, mais ayant un sens défini. Outre cet alphabet commun, qui paraissait être connu de tout le monde, on croyait que les *hommes-médecines*, c'est-à-dire les prêtres et les magiciens, possédaient, comme les prêtres égyptiens, un système graphique plus complet pour les chants sacrés et les mystères religieux, et dont ils se servaient phonétiquement pour rappeler à la mémoire des initiés les notes musicales et les paroles qui devaient être chantées. En effet, on a remarqué, particulièrement dans les tribus du Nord, que les Indiens se servaient dans leurs cérémonies mystiques et superstitieuses de notes pictographiées, peintes sur des écorces de bouleau.

Les premiers missionnaires observèrent aussi que les Peaux-Rouges avaient un système héraldique par lequel on reconnaissait la division des tribus en clans ou familles, au moyen d'un emblème appelé *totem* (prononcez *dodem*) qui démontrait les affinités et les liens de consanguinité. Ce totem ou blason se plaçait sur les tentes et sur les poteaux mortuaires pour indiquer le clan auquel la famille ou le défunt appartenait. Au Texas, nous avons vu des familles entières de Peaux-Rouges portant leur totem tatoué sur le visage. Le mot *totem* est dérivé d'un terme générique des langues indiennes du Nord qui veut dire *ville* ou *village*, et se rapporte au mot de *maison* employé dans un sens héraldique. En effet, le totem est un vrai signe de blason ; il représente à la fois le nom, les armes et la devise des grandes familles sauvages. Les personnes qui ont le même totem ne peuvent pas se marier entre elles ni l'échanger contre un autre.

Si la pictographie est la plus ancienne méthode adoptée par les peuples primitifs pour exprimer leurs idées, comme les monuments anciens nous en fournissent des preuves surabondantes, le système totémique, c'est-à-dire la représentation d'un nom ou d'un personnage par un signe symbolique, réclame la priorité dans cet art. Les sceaux et les cachets mis en usage pour indiquer la devise, la marque ou la signature d'une personne confirment notre assertion.

Cette division d'une tribu en différents clans ayant le même emblème, comme les Highlanders en Écosse, existe chez les Peaux-Rouges depuis une époque immémoriale. Cet emblème est ordinairement un quadrupède, un oiseau, un poisson ou un reptile, c'est rarement une plante, un arbre ou un corps inorganique. A la mort d'un grand chef, lorsqu'on met un poteau mortuaire ou une pierre tumulaire sur le lieu de la sépulture, on peint toujours sur cette pierre ou sur ce poteau le totem du défunt dans une posture renversée. Ce genre d'épitaphe est facile à lire.

Il y a des hiéroglyphes que nous appellerons *totémiques*, parce que les totems en forment les signes principaux et caractéristiques. Ils indiquent ordinairement une sorte d'unité de vue et de pensée d'une manière fort simple ; c'est un mode d'arrangement systématique et presque uniforme dans toutes les tribus du Nord.

Nous avons vu la représentation d'une émigration de Chippeways venant des bords d'un lac et allant à travers des rivières, des forêts et des montagnes dans un pays civilisé. Cette scène était peinte par les sauvages eux-mêmes sur une écorce de bouleau. En bas du tableau, on voyait plusieurs petits lacs bleus placés les uns à côté des autres ; plus haut, une grande rivière de la même couleur, et se dirigeant de l'Est à l'Ouest ; au-dessus de cette rivière, des criques, des arbres, symboles des forêts, et des tumuli imitant des montagnes se trouvaient disséminés çà et là ; enfin, au sommet du tableau, il y avait une douzaine d'animaux (totems des chefs chippeways) portant un cœur peint en rouge sur la poitrine, et placés les uns derrière les autres. Des lignes noires partaient des yeux et du cœur de tous ces animaux emblématiques et allaient aboutir aux yeux et au cœur de celui qui était à la tête de la troupe et semblait commander l'expédition. On voyait également deux autres lignes noires tracées dans cette pictographie ; la première partait du lac inférieur pour aboutir à l'œil de l'animal qui guidait les autres, et la seconde sortait de son cœur pour pénétrer dans une cabane située en face de lui. L'explication de cette scène est presque inutile, tant la pensée de l'artiste est simplement et clairement rendue dans ce sujet. Les lignes noires convergeant vers le même point symbolisaient l'unité de vue, d'idées et de sentiments des chefs chippeways, dans l'exécution du projet qui leur faisait quitter les bords solitaires d'un lac où ils demeuraient, pour aller s'établir dans un pays civilisé, figuré par la cabane, et sous la conduite du chef qui les guidait.

Il y a des totems qui représentent une idée plus ou moins abstraite; dans ce cas, le symbole de cette idée prend une forme arbitraire dont on ne devine la signification qu'approximativement et d'après des données déjà reçues. Ainsi le *Vent-qui-souffle*, nom d'un guerrier ottawa, est symbolisé par un totem représentant une feuille de saule traversée par des lignes obliques ; l'*Aurore-qui-se-lève*, nom d'un autre chef indien, est représenté par un cygne qui secoue ses ailes ; le *Tonnerre-qui-gronde* est dépeint par des zigzags semblables à la foudre, que l'on place dans les serres de l'aigle, etc.

Outre les signes totémiques, la pictographie des Peaux-Rouges comprend encore deux sortes d'écritures figuratives, dont l'une se compose de signes vulgaires et l'autre de signes hiératiques. M. Schoolcraft divise la pictographie indienne en deux catégories, dont les noms et les divisions sont en algonquin. Quoique cette double division ne nous paraisse pas très-exacte, puisque l'auteur lui-même place un épisode de chasse dans la catégorie du kekeewin, elle est néanmoins fort utile, et nous la mentionnerons brièvement.

La première catégorie, appelée *kekeewin* (prononcez kikiouïnn), comprend les voyages et les sépultures (*adjidatigwum*); la seconde, désignée sous le titre de *kekeenowin*, comprend la médecine (*medawin*), la nécromancie (*jesukawin*), les révélations (*wabeno*), les chasses (*keossawin*), la guerre (*nundobewunewun*), l'amour (*sageawin*) et l'histoire (*muzzinabikon*).

Le mot kekeewin signifie écriture peinte ou pictographie, et désigne les signes représentatifs simples. Le mot kekeenowin signifie pictographie instructive, et désigne plus particulièrement les signes symboliques. Les inscriptions indiennes concernant les voyages, les sépultures, les guerres et les chasses sont d'une interprétation facile, et pour peu que l'on se soit familiarisé avec le système totémique et les signes symboliques des Indiens, on déchiffre ces sortes d'inscriptions sans beaucoup de difficultés. Ainsi l'épisode de chasse à laquelle nous faisions allusion plus haut était consigné sur un *pinus resinosa*, près du Namakaxgon, tributaire du Sainte-Croix. Il représente deux animaux totémiques placés au-dessus de deux canots, se dirigeant vers un ours noir, et au-dessous de cet ours se trouvaient six barbots. Cela signifiait que deux chasseurs (de la tribu des chippeways), représentés par les deux animaux totémiques, tuèrent un ours et prirent six barbots du temps qu'ils campaient sur les bords de la rivière.

Les inscriptions tracées sur les poteaux funéraires (adjidatigwum) rappellent les regrets des vivants et la gloire ou les vertus des défunts. Les Peaux-Rouges ont toujours eu une vénération profonde pour les morts, et le culte assidu qu'ils leur rendent est vraiment touchant. Les tombeaux indiens sont généralement situés dans des lieux pittoresques, sur des éminences d'un aspect gracieux et romantique, et au-dessus ou à côté des tombeaux de personnages illustres ou vénérés on plante un poteau avec le totem du défunt et des signes symboliques qui indiquent les principaux événements de sa vie. Dans certaines tribus les poteaux funéraires ne sont plantés sur les tombeaux que lorsque le corps du défunt est tombé en dissolution; alors on recueille ses ossements, on les enterre et l'on met au-dessus l'épitaphe hiéroglyphique. Dans ces sortes d'épitaphes, le totem est peint renversé, ou bien à côté de lui on dessine une espèce de croix de Saint-André fermée et ayant la forme d'un sablier.

Les autres inscriptions sont beaucoup plus compliquées que les précédentes, et sont particulièrement l'œuvre des prêtres magiciens ou *hommes-médecines*, pour rappeler leurs cérémonies mystérieuses, l'art de la médecine magique et les oracles qu'ils prétendent rendre sous l'influence des esprits qui les protègent.

Ceci nous oblige à dire quelques mots sur l'existence, dans les grandes tribus du Nord, de deux classes d'hommes qui font profession, les uns, de connaître l'art de guérir les maladies par la magie et par des simples, et s'appellent *medas* ou *midés*; les autres prophétisent, interprètent les songes et s'appellent *yossakeeds* ou *jissoukés*. On a voulu donner à ces deux classes le caractère d'une association dont l'importance équivaudrait à celle de la franc-maçonnerie; nous le croyons d'autant moins, que cette fraternité prétendue ne s'accorde guère avec les haines, encore existantes, de tribu à tribu, et qui font que les *midès* et les *jissoukés* s'entr'égorgent sans pitié comme les autres guerriers.

Il est de fait notoire que les Indiens intelligents comprennent facilement la plupart des monuments pictographiques gravés ou peints par les magiciens et les prophètes; cela nous porte à croire que ces deux corps n'ont aucun lien particulier qui les rattache aux autres tribus, et que leur idéographie suit les mêmes principes que celle des autres populations de l'Amérique septentrionale. Elle ne diffère de l'idéographie vulgaire que par un peu plus d'incohérence et d'obscurité, qui découlent naturellement des sujets qu'elle représente, et dont le caractère est essentiellement mystique.

Les *midès* sont régulièrement organisés en corps pour étudier et enseigner la magie. Les *jissoukés* ne forment pas une association proprement dite : ils se composent d'hommes isolés qui se livrent aux prédictions et à l'interprétation des songes et des augures. Néanmoins, dans la pratique, ces deux arts ne laissent pas d'avoir quelque analogie ; ainsi le *midé* cherche à se rendre les événements propices et le *jissouké* les prophétise. Tous les deux attribuent leur pouvoir à l'intervention des esprits qui peuplent le ciel et la terre, et tous les deux possèdent des amulettes qui leur donnent une puissance surnaturelle.

Parmi les tribus algonquines, et probablement d'autres peuplades du Nord, on voit une troisième classe d'individus formant une association secrète dans ses rites, et appelée *wabeno* (prononcez ouabino), de *ouabun*, lumière du matin, parce que les réjouissances, ou plutôt les orgies auxquelles se livraient les membres de la société pendant leurs réunions nocturnes, duraient jusqu'à la pointe du jour. Cette institution est d'une origine plus moderne que celle des *midés*; elle en est non-seulement une modification, mais encore une dégradation ; son objet unique paraît être le plaisir des sens, la luxure et le culte du *phallus* dans ce qu'il avait anciennement de plus ignoble. L'amour, qui n'entre point dans les compositions du midawin, est souvent chanté dans les orgies du wabeno, dont les rites mystérieux nous sont très-peu connus, et que le manuscrit que nous publions fera sans doute mieux connaître.

Telles sont les trois classes d'hommes qui ont le plus développé l'art graphique dans les déserts de l'Amérique septentrionale. Il est inutile de donner ici des détails sur ces institutions étranges qui tombent, sinon devant les progrès que fait la civilisation parmi les tribus améri-

caines voisines des pionniers anglo-saxons, au moins sous
l'influence de toutes les causes qui contribuent à leur déca-
dence et à l'extinction de la nationalité indienne. Du reste,
nous sommes convaincu qu'on a donné trop d'importance
à ces institutions, que les opinions qui ont été émises sur
ce sujet sont un peu hasardées, et qu'il règne encore beaucoup plus d'obscurité que de certitude sur la nature de
ces trois sociétés.

Les curieuses recherches de M. Schoolcraft sur les
midés, les *jissoukés* et les *ouabinos* ne laissent pas
d'offrir les renseignements les plus complets qui ont été
écrits jusqu'à ce jour sur ces mystérieux inspirés ; mais
pour éviter des discussions fastidieuses, nous nous borne-
rons à dire quelques mots sur les chants pictographiés
des *midés* et des *ouabinos* surtout, car les *jissoukés*
racontent, écrivent leurs prophéties, mais ne les chantent
pas ; et, comme ils ne forment pas un corps proprement
dit, leur pictographie, toute individuelle, rentre dans la
catégorie commune de l'art graphique, dans ce qu'elle a
de plus primitif.

Les *midés*, dans l'exercice de leurs fonctions médicales
et dans leurs cérémonies mystiques, chantent ordinairement des chansons qu'ils savent par cœur, ou qu'ils ont
pictographiées sur des peaux ou des écorces de bouleau,
et dont les figures sont des symboles mnémoniques qui
servent à rappeler les paroles figurées par un type conventionnel. Ces paroles, pour être répétées, doivent avoir
été apprises une fois ; car, quoique les signes qui les re-

présentent ne soient pas variables, celui qui ne connaît pas les signes ne pourrait pas chanter les paroles. On peut dire que ces signes sont à la fois phonétiques, mnémoniques et homophones, et c'est ce qui en rend l'intelligence impossible à celui qui n'y a pas été antérieurement initié. Dans ces sortes de signes, la valeur phonétique n'est conservée que d'une manière relative ; ainsi la figure d'un lièvre ou d'une oie ne représentent pas les sons *wau-bos* (lièvre), *wai-wai* (oie), mais bien le nom générique d'un quadrupède ou d'un oiseau dans un sens figuratif ou représentatif.

Ce mode primitif de rappeler les idées est trop imparfait pour spécifier les sons; néanmoins, c'est un moyen puissant pour aider la mémoire et lui raviver le souvenir des choses apprises ; c'est aussi le but unique que se proposent les Peaux-Rouges en pictographiant leurs chansons. Ceci est très-important à savoir pour déchiffrer les inscriptions historiques, où le totem joue un si grand rôle. On voit par ce qui précède, que ces caractères hiéroglyphiques ont nécessairement différentes clefs, qui varient sinon de tribu à tribu, du moins de nation à nation[1].

Après un minutieux examen de la pictographie des *ouabinos*, on s'aperçoit que les signes symboliques représentant des paroles suivent les mêmes principes que nous venons d'indiquer pour les chants des *midés*, et qu'ils n'ont d'autre valeur que celle de l'association des idées

---

[1]. Une nation se compose quelquefois de cinq ou six tribus, et même davantage.

qu'on y attachait en pictographiant les sons, si nous pouvons nous exprimer ainsi. Citons quelques exemples. Un signe hiéroglyphique représentant un homme tenant un serpent vivant dans ses mains doit s'interpréter par ces mots : « Je l'ai pris sous terre » ; un chasseur debout avec un arc et des flèches, se traduit ainsi : « Je chasse avec deux corps » ; un arbre avec deux jambes signifie : « Je danse jusqu'à l'aurore », etc. Comme on le voit, ces expressions indiquent un symbole, une action mystique. Pourtant il règne souvent de l'incohérence dans les idées représentées par les signes symboliques ou phonétiques, et ces signes ayant en outre une clef variable pour leur interprétation, il s'ensuit que cette idée est très-difficile à découvrir. Aussi nous ne doutons pas qu'une inscription indienne appartenant à l'une de ces catégories ne puisse être interprétée de deux ou trois manières, complétement différentes les unes des autres.

Le premier travail de l'interprète sera donc de classer l'inscription qu'il veut traduire, et de l'examiner attentivement, afin de savoir si elle appartient à la pictographie commune, à la pictographie totémique, ou à la pictographie que nous appellerons mystique, parce qu'elle est uniquement pratiquée par les membres des sociétés secrètes dont nous avons parlé plus haut. Cette classification nécessaire fera connaître, dans une certaine mesure, non la valeur des signes, mais l'association des idées qui se rattachent aux signes pictographiés. C'est après avoir fait ce travail que nous sommes arrivé à croire que le manuscrit indien que nous publions participe de ces trois caractères.

Malgré les lacunes qui se rencontrent par ci, par là, et la détérioration de quelques feuillets qui interrompent les récits pictographiés, nous croyons pouvoir établir quatorze divisions ou chapitres dans ce manuscrit. La plupart se rapportent aux turpitudes phalliques, spermatiques, excrémentitielles et même sanglantes, si communes aux anciennes populations des deux mondes. Quelques traits d'histoire viennent se mêler à ces coutumes barbares, dont l'origine, comme nous le verrons par la suite, est souvent religieuse.

A côté de ces représentations grossières, historiques, mystiques et symboliques, se joignent un grand nombre de caractères hiéroglyphiques, dont nous ignorons la valeur, et de caractères alphabétiques appartenant à plusieurs langues, que nous n'avons pas pu reconnaître d'une manière positive, à cause de l'imperfection de ces caractères, dont la plupart, européens et modernes, sont joints à d'autres, soit anciens, soit inventés (comme ceux de l'alphabet cherokee), pour exprimer des syllabes. Aussi, pour ne pas émettre légèrement une assertion précoce, nous préférons nous abstenir de toute dissertation sur ce sujet, et remettre à plus tard une étude approfondie des inscriptions alphabétiques mélangées aux signes hiéroglyphique de ce manuscrit.

Nous dirons pourtant que parmi les quarante inscriptions

alphabétiques[1] dont nous venons de parler, et dont quelques-unes sont assez longues, les noms de Maria, Anna, Joannes semblent y être écrits d'une manière très-intelligible, ainsi que d'autres mots, sinon allemands ou anglais, au moins d'une origine tudesque.

La première division, qui comprend douze pages, est fort obscure à cause des vides qui résultent de la détérioration de plusieurs feuillets; néanmoins, elle comprend des signes que nous ne pouvons passer sous silence, et sur lesquels nous ferons quelques observations, sans vouloir le moins du monde imposer nos opinions à personne. Nous laisons le champ de la discussion parfaitement libre, et nous adopterons même volontiers toute interprétation contraire à la nôtre, lorsqu'elle nous sera démontrée clairement et posée sur des bases solides, si difficiles à trouver dans ce nouveau terrain. Nous regrettons seulement de ne pouvoir pas expliquer tous les signes comme nous en expliquerons une bonne partie, et quoique notre travail sera nécessairement incomplet, nous n'hésitons pas à le livrer à la publicité pour faciliter la tâche de ceux qui voudront traduire littéralement ce singulier document de la pictographie indienne.

La première page se compose de signes de diverses natures. Le premier nous paraît un totem ayant la forme d'un animal. Le deuxième, qui ressemble au chiffre romain X, est sans doute un signe numérique, car dans

1. Nous ne mentionons pas celles qui nous paraissent ne représenter qu'une lettre ou qu'une syllabe.

plusieurs inscriptions indiennes il a la valeur d'un nombre. Le troisième signe, qui revient fréquemment dans le manuscrit, nous est totalement inconnu. Les caractères suivants : 10, 1, 0 et ∞, paraissent souvent comme les signatures de Wampatuck, Mammion, Weymous et Canowa (puissants sachems qui vivaient dans le xvii⁰ siècle), dans les contrats qu'ils firent soit avec le gouvernement, soit avec des particuliers ; mais ici ces caractères ne sont pas des signatures, mais bien des signes idéographiques, phonétiques ou même symboliques. Nous penchons pour cette dernière hypothèse, et nous croyons que le signe formé de deux barres, au milieu desquelles se trouvent un ou deux cercles, indique une journée ou une fraction de la journée. Le cercle simple ou double, dans la pictographie des Peaux-Rouges, doit s'interpréter ordinairement pour un symbole du temps. Cette interprétation nous paraît pouvoir s'appliquer au troisième signe de la première ligne et au premier signe de la troisième ligne ; ce dernier n'étant que la moitié du premier. On peut donc supposer avec de la vraisemblance, que l'auteur du manuscrit a voulu représenter par ce moyen le nombre de jours ou de fractions du jour que duraient les scènes phalliques ou historiques qu'il peint, ou bien encore l'époque où ces scènes avaient lieu. Comme les Indiens comptent par *lunes* ou mois et par *neiges* ou hivers, il leur était très-facile de préciser ainsi, par une modification du symbole ordinaire, le jour qu'ils voulaient désigner.

Le premier signe de la seconde ligne représente certainement deux cornes, et par conséquent le symbole du commandement ou du pouvoir dans un sens de domination. On se rappelle que dès la plus haute antiquité, les cornes furent prises pour le symbole de la puissance ou de la force active ; aussi les dieux, tels que Bacchus, Harpocrates et son fils Archeloüs, étaient-ils représentés avec le front orné des cornes du taureau. Les chefs indiens actuels portent encore dans un grand nombre de tribus, lorsqu'ils sont revêtus de leur plus beau costume, une coiffure surmontée de deux cornes de buffles. La nature de ce pouvoir ou de cette force est souvent spécifiée, dans la pictographie indienne, par des signes additionnels placés entre les cornes, comme nous le verrons par la suite.

Le premier signe de la page 3 nous paraît symboliser le ciel, dans un sens figuré, écoutant les prières de celui qui l'invoque. Nous basons notre hypothèse sur la ligne courbe qui se replie à l'intérieur pour former deux sortes d'oreilles longues. A la page 48, on voit en effet un Indien indiquant de la main à quatre autres Indiens ce même signe, comme pour leur montrer que le ciel, attentif à ses vœux, est prêt à faire sa volonté.

Le premier signe de la page 4 est certainement un *phallus,* emblème de la fécondité. On sait que le culte du *phallus,* du *priape* et du *lingam,* qui ont la même signification, était, dès les temps les plus reculés, non-seulement répandu dans l'Asie, l'Égypte et l'Europe, mais même dans l'Amérique centrale, et surtout parmi les populations du plateau de l'Anahuac. C'est sans doute du Mexique que les Peaux-Rouges l'ont reçu, car les statuettes phalliques découvertes dans l'Amérique du Nord, et dont nous parlons dans notre récent ouvrage publié à Londres[1], ont été trouvées sur le territoire de tribus d'origine mexicaine. Seulement, ce culte est tombé en désuétude parmi les Peaux-Rouges ; il est devenu, comme en Grèce et à Rome, le principe de pratiques superstitieuses, obscènes et dépravées, encore en usage dans les réunions nocturnes des *ouabinos*.

Pourtant ce simulacre n'est pas indécent parmi les peuplades sauvages et à demi nues, comme il l'est chez les peuples civilisés ; il est ordinairement adopté dans la pictographie indienne pour représenter la force régénératrice du soleil et l'action de cette force sur tous les êtres de la nature. Aussi le rencontre-t-on isolé dans quelques inscriptions américaines, comme il l'était autrefois en Égypte, avant qu'on ait eu l'idée de le faire adhérer au corps humain. « Les Assyriens et les Perses, au dire de
« Ptolémée, considéraient comme sacrés les membres
« destinés à la génération, parce qu'ils sont les symboles
« du Soleil, de Saturne et de Vénus, planètes qui président
« à la fécondité. » On voit par là que ce n'était pas seulement le simulacre du sexe masculin, mais aussi celui du sexe féminin que les Assyriens et les Perses consacraient

[1]. *Seven years' residence in the great deserts of North America*, by the Abbé Domenech, 2 vol., with engravings, music and map. Longman, Green and Co, London, 1860.

dans leurs cérémonies religieuses. Nous trouverons dans ce manuscrit de nombreux exemples de cette réunion de la figure des deux sexes.

En Égypte comme en Amérique, le *phallus* se plaçait quelquefois sur la tête ou sur la bouche comme symbole de la force, de la puissance, uni à celui d'une double fécondité. Dans ce manuscrit, le *phallus* est fréquemment placé verticalement sur la tête, ou horizontalement à côté des yeux, des oreilles ou de la bouche. Nous voyons dans cet arrangement une indication de la force, de la puissance et de la fécondité des sens, ou des facultés localisées dans certaines parties du corps humain. Néanmoins, on ne doit pas toujours prendre le *phallus* dans la pictographie des Peaux-Rouges pour un signe symbolique; il n'est malheureusement que trop souvent une représentation plus ou moins exacte des scènes lubriques pratiquées parmi les sauvages.

Le dernier signe qui précède la dernière ligne de la page 4, à moitié déchirée, est ordinairement interprété, comme la croix de Saint-André fermée en haut et en bas, pour un scalp, un homme sans tête ou un homme mort.

La première figure de la page 5 représente un esprit ailé qui semble protéger deux Indiens assis ou courbés, tenant un *phallus* dans une main.

Le premier signe de la deuxième ligne (page 6) indique généralement un homme mort, comme nous l'avons déjà remarqué; aussi ne reparlerons-nous plus de ce signe. Au milieu de la page vient ensuite un géant, assis avec un *phallus* au bas du ventre. Au-dessus de lui se trouvent plusieurs figures, dont l'une a la tête ornée d'une auréole. Ce signe symbolise la puissance céleste, un pouvoir miraculeux que possède l'individu qui en est ainsi décoré. Les esprits ou génies de second ordre sont également représentés de cette manière.

Les deux figures humaines de la page 7 ont les mains levées vers le ciel et le *phallus* en état d'érection. Nous croyons que ce sont deux *ouabinos* invoquant les esprits célestes.

Quoique la page 8 soit fort détériorée, nous pensons voir dans ces deux groupes de figures humaines quelque épisode des scènes contre nature pratiquées par les *ouabinos* dans leurs orgies nocturnes.

La page 10 nous montre à la première ligne un esprit tenant un faisceau de verges placées au-dessus d'un Indien dans une position inclinée. Ces verges peuvent être prises indifféremment pour des plumes d'aigle, emblème du pouvoir, pour des plantes magiques ou pour une émanation d'une puissance supérieure, d'un esprit qui répand sur l'individu un châtiment, une récompense ou un pouvoir surnaturel. La première figure de la troisième ligne est l'emblème de l'aurore, moment consacré à la clôture des cérémonies mystérieuses des *ouabinos*. La figure qui vient ensuite est ornée, de chaque côté de la tête, de deux appendices, symboles de l'attention. Ce sont deux oreilles ouvertes et attentives. Les Peaux-Rouges mettent ces appendices aux esprits pour montrer qu'ils écoutent les prières de leurs serviteurs, aussi bien qu'aux mortels pour signifier leur attention aux inspirations des esprits.

La page 11 symbolise une des cérémonies mystérieuses des *ouabinos* : treize esprits ou hommes inspirés entourent l'arbre magique, si fréquemment chanté par les membres de cette société. Plus bas se trouvent deux Indiens assis, dont l'un porte un *phallus* incliné vers treize ou quatorze figures alignées sur deux rangs. Cinq de ces figures ont un bras en l'air dirigé vers le *phallus* de l'Indien. Nous croyons que cette scène phallique est tout à fait mystique et ne renferme aucune idée obscène.

La page 12 est à peu près la répétition de la 8; seulement, la troisième figure de la première ligne et la première figure de la deuxième ligne ont sur la tête une coiffure qui ressemble beaucoup à celle que portent les *shoshonies* lorsqu'ils célèbrent la fête du soleil; nous ne pensons pas que cette coiffure ait une importante signification.

Le second chapitre, qui ne se compose que des pages 13 et 16, nous paraît désigner l'introduction du christianisme dans une ou plusieurs tribus du Nord. Les pages 14 et 15 sont en blanc, et nous semblent moins une lacune dans le sujet qu'une inattention de l'auteur, qui les aura sautées sans s'en apercevoir. Le commencement de ce chapitre nous offre des figures dont nous avons déjà parlé, et de nouveaux signes qui reviennent à plusieurs reprises dans le courant du manuscrit. Le premier signe de la quatrième ligne est un Indien portant au-dessus de la tête soit un *phallus*, soit un autre symbole de la puissance ou de l'abondance qu'il reçoit d'en haut, c'est-à-dire d'une manière surnaturelle. Cette puissance doit être plutôt morale, intellectuelle que physique, car le personnage en question ne possède aucun des attributs que portent ordinairement les chefs ou les personnes pourvues des biens terrestres. La seconde figure de la même ligne est une chapelle ou une cabane de chrétien ; les tentes indiennes, qui ont à peu près la même forme, ne sont pas surmontées d'une croix, et n'ont pas ces lignes horizontales qui indiquent les poutres avec lesquelles se construisent en Amérique les maisons appelées *log-house*. L'arbre qui vient après la chapelle désigne, dans la pictographie indienne, une forêt ou un bois. Le quatrième signe de la dernière ligne est probablement un os magique, et le cinquième de la même ligne, une pierre magique dont les Indiens se servent dans leurs superstitieuses cérémonies. Les Dacotas vénéraient autrefois des divinités monstrueuses représentées par des signes à peu près analogues à ceux-ci. On pourrait facilement donner un sens rationnel et même historique à ces deux dernières lignes, mais nous préférons nous contenter d'expliquer simplement les figures, afin de ne pas émettre une interprétation hasardée.

La deuxième figure de la quatrième ligne (page 16) est un signe fort compliqué, qui se compose de plusieurs cercles (dont deux sont croisés), et qui peut s'interpréter de différentes manières. La plus simple serait de le prendre pour un symbole du temps, de l'aurore, du ciel ou du soleil; mais ce signe revient ensuite plusieurs fois avec tous les caractères d'un personnage; cette particularité, jointe à celle que le petit cercle supérieur est marqué d'une croix ainsi que l'ovale inférieur, nous fait penser que l'auteur a voulu représenter un missionnaire au moment de la célébration des saints mystères, dans une tribu composée de plusieurs villages catholiques, ou dans plusieurs tribus contenant chacune une église. Dans cette hypothèse, ce signe serait interprété dans un sens kyriologique et non pas symbolique; le cercle croisé d'en haut représenterait l'hostie que le prêtre élève au-dessus de sa tête après la consécration, et l'ovale croisé serait une image de la chasuble que le prêtre porte pendant la messe.

Le troisième signe de la troisième ligne peut également recevoir plusieurs interprétations, en donnant une importance réelle aux lignes rouges perpendiculaires tracées entre les noires. Nous croyons que ce signe symbolise la terre, ou mieux encore le firmament, d'où s'échappent la foudre figurée par les lignes rouges, et la pluie figurée par les lignes noires. Dans une inscription chippeway que nous avons étudiée, il y avait deux signes à peu près semblables à celui-ci : l'un était totémique et signifiait une vallée, l'autre était kyriologique et désignait la terre; mais aucun n'avait les lignes rouges qui nous font supposer que l'auteur a voulu représenter plus particulièrement ici le firmament. Cette hypothèse nous porte à croire que la première figure de la deuxième ligne n'est pas un chef avec un *phallus ejaculans semen virile*, mais un symbole de la divinité créatrice ou fécondante; la première figure de la quatrième ligne serait alors une continuation du même sujet, c'est-à-dire que la divinité, après avoir créé ou fécondé l'atmosphère, répandrait ses bienfaits ou ses châtiments sur les humains, ou bien encore sa puissance sur des esprits secondaires ou des *midés*, représentés par les deux dernières petites figures à moitié effacées. Quoi qu'il en soit, cette page se rapporte à l'introduction du catholicisme, à ses dogmes ou à ses effets.

La troisième division contient les onze pages suivantes, dont quatre sont blanches. Ce chapitre nous paraît être purement idéographique; il se rapporte plus particulièrement aux scènes, aux cérémonies et à la puissance mystiques des *midés*. L'appendice, ou coiffure qui se voit sur la tête de la plupart des figures humaines, est un symbole du pouvoir surnaturel que possèdent les *midés*. Le second personnage de la première ligne a derrière la tête une espèce de queue de renard longue et touffue que nous retrouverons sur d'autres pages. Ce signe, que nous n'avons jamais rencontré dans aucune des inscriptions indiennes connues jusqu'à ce jour, n'est pourtant pas totémique, mais bien symbolique; malgré notre assertion, nous n'oserions pas donner un nom à ce symbole, n'étant pas encore complétement arrêté sur la nature de ce signe, qui ressemble, entre autres choses, à un *sac de médecine*, l'indispensable amulette ou *vade mecum* des Peaux-Rouges.

Dans la supposition que ce serait une vraie queue, comme

en portent certaines tribus dans leurs jeux de paume, ou bien la coiffure en plumes d'aigle qui descend de la tête aux pieds, et dont les grands chefs ont seuls le privilége de s'affubler, il faudrait toujours prendre ce signe ici dans un sens idéographique ou symbolique, car le sujet de ce chapitre ne comporterait pas une autre interprétation.

La troisième ligne est formée de deux couples, dont les personnages sont unis par les mêmes pensées (premier couple), et par les mêmes vues (deuxième couple). Les petites barres que portent sur la poitrine grand nombre de personnages, dans ce manuscrit, doivent s'interpréter tantôt comme des marques d'honneur, tantôt dans un sens chronologique ou arithmétique, tantôt comme les seins d'une femme, quelquefois aussi elles dénotent des expéditions de guerriers.

La deuxième figure de la première ligne, page 20, représente un Indien dont la tête est dans le corps d'un homme inspiré qui semble le flageller. Quoique cette interprétation paraisse la plus naturelle, il nous semble que ce groupe signifie qu'un *midé* puise dans les entrailles d'un esprit ou d'un *homme-médecine* un pouvoir surnaturel.

Les deuxièmes signes des lignes deux et trois, page 20, les troisième et quatrième des lignes une et deux, page 21, sont généralement interprétés pour des forts, mais ici, nous croyons qu'ils représentent les cabanes dans lesquelles se réunissent les *midés* pour leurs cérémonies mystérieuses. Les quatre personnages de la page 21 sont assis ou prosternés; mais nous ignorons si cette posture est symbolique en cet endroit ou simplement représentative.

La dernière figure humaine de la page 24 représente un esprit ou un homme inspiré, assis dans le ciel ou remplissant le monde de son pouvoir céleste. Cette apothéose mystique est le but suprême vers lequel tendent tous les efforts des *midés* au moyen de la magie ; car, on le sait, le pouvoir et la renommée constituent toute l'ambition des Peaux-Rouges, et ils n'épargnent rien, dans l'ordre naturel ou surnaturel, pour que cette ambition atteigne toutes les limites du possible.

La page 25 nous offre deux figures humaines, l'une à deux têtes, et l'autre avec le *phallus* coupé. Nous pensons que ces deux têtes indiquent, à cause de leur position, moins une surabondance des facultés intellectuelles et de la vue surtout, qu'un double attribut, un double exercice de ces facultés. Le *phallus* coupé et la position renversée de celui qui a perdu cet emblème de la puissance dénotent suffisamment la perte, sinon de la vie réelle, du moins de la puissance magique de cette seconde figure.

Les pages 26 et 27 représentent des scènes phalliques.

Le quatrième chapitre commence à la page 28 et finit à la page 40. C'est une série de turpitudes phalliques, spermatiques, excrémentitielles, et de scènes magiques auxquelles il serait assez difficile de donner un lien, une suite, lors même que l'imagination dévergondée des sauvages laisserait moins de lacunes et moins d'obscurités dans les sujets qu'ils indiquent plutôt qu'ils n'expliquent. Laconiques dans leur langage, réservés dans leurs actions, ils ne sauraient mettre des détails, même essentiels, dans leur pictographie. Ce chapitre nous paraît d'un caractère mixte, qui augmente encore les difficultés d'une interprétation littérale ; aussi continuerons-nous nos dissertations sur les signes après avoir indiqué le sujet des matières que nous traitons, sans vouloir nous efforcer de combler les lacunes idéologiques que nous rencontrons à chaque instant.

La page 28 ne contient qu'un seul signe nouveau, c'est une espèce de ciseaux au-dessus desquels est assise une figure humaine. Il n'est guère probable que ce soient des ciseaux, car ils n'ont aucune raison d'être dans cet endroit, et la pictographie indienne ne nous offre aucun exemple d'un tel instrument employé comme symbole ; nous croyons donc que c'est tout simplement un signe totémique.

Les deux figures humaines de la page 29 représentent une scène excrémentitielle, peut-être unique dans les annales manuscrites des Peaux-Rouges, et fort rare dans les inscriptions américaines. Dans les peintures mexicaines on trouve il est vrai assez souvent la figure de l'excrément humain ; mais c'est moins pour représenter l'excrément lui-même que le mot *cuitlalt*, de sa racine *cuitl*, qui le désigne. C'est ainsi, dit M. Aubin, qu'est écrit le nom de *Cuitlahua* ou *Cuitlahuatzin* « qui a des excréments, » successeur de Mothuzoma (vulgairement Montézuma) et prédécesseur de Quauhtemoc ou Quauhtemoctzin (vulgairement Guatemozin) « celui du lit de roses, » dernier roi de Mexico. Évidemment l'excrément est ici un son et non la chose figurée. Mais dans notre manuscrit l'excrément est peut-être un symbole, mais non point un signe phonétique.

Les deux figures de la deuxième ligne ont leur *phallus* dirigé vers l'emblème de la mort ; on pourrait interpréter ceci dans un sens symbolique, comme un acte de sodomie, et dans un sens totémique, comme épitaphe des deux figures représentées. Les caractères numériques et symboliques de cette même ligne s'accordent parfaitement bien avec chacune de ces deux interprétations.

Les deux derniers personnages qui terminent la page sont accompagnés de deux esprits, enfermés dans un cercle et placés contre la tête de chaque personnage pour indiquer qu'ils sont sous l'influence d'un esprit céleste. A la page suivante, on voit cet esprit sur les genoux d'un homme dont la tête est ornée de deux cornes. On peut prendre cette figure pour l'emblème d'un chef possédant un pouvoir satanique ou une grande puissance surnaturelle, ou bien encore pour un puissant esprit de la catégorie des mauvais manitous.

Les deux chefs placés à la tête des lignes suivantes tiennent à la main un disque qui figure ordinairement la lune ou la nuit dans la pictographie indienne. L'un est debout et possède un *phallus* ; l'autre est assis et privé de cet appendice.

A la page 31, la deuxième figure de la première ligne, on voit un chef ayant nn *phallus* magique. Nous croyons qu'un certain nombre de ces signes, que nous appelons *phallus* à cause de leur forme et de leur position, ne doit pas être pris dans le sens ordinaire du mot comme emblème de la génération, de la fécondité et de la puissance naturelle; mais aussi comme emblème de la force virile ou de la vie; ainsi la deuxième ligne de cette même page semble représenter, au premier abord, une scène de masturbation, mais il est très-possible que cela soit au contraire une scène tragique, et que l'homme debout qui met la main sur le *phallus* de l'homme couché représente un duel, un combat qui se termine par la mort de ce dernier. Du reste, nous pensons que ce signe placé au bas du ventre n'est pas invariablement un *phallus*, un symbole, mais bien aussi quelquefois une arme offensive ou symbolique.

Lorsque deux figures sont unies entre elles, comme nous le voyons dans la troisième ligne, elles indiquent l'affection, des liens d'amitié et toute union de sentiments. La dernière figure de cette page représente une femme assise en face d'un homme dans la même posture; l'ovale adhérant à la partie inférieure de son corps est un *cteis* qui dénote son sexe.

La deuxième figure de la première ligne, page 32, porte sur le dos deux lignes courbées et unies à leur extrémité qui dénotent ordinairement une abondance de biens physiques, de cadeaux ou toute autre richesse terrestre. Le signe placé immédiatement au-dessous de la première figure, est le symbole du *ouabino* et quelquefois celui d'un pouvoir satanique. La dernière figure de cette page représente un homme ayant une pipe magique à la bouche ; il est assis sur une espèce de queue de serpent à sonnettes, dont nous ignorons ici la signification mystérieuse.

Le premier signe de la troisième ligne, page 33, qui se répète également à la quatrième, est une figure que les Indiens appellent une *grande médecine*. Comme on peut le voir dans notre ouvrage sur les Indiens des grands déserts de l'Amérique du Nord, ce mot de *médecine* signifie une chose mystérieuse, étonnante, singulière : un bateau à vapeur, une boîte de musique, un portrait, etc., sont autant de *grandes médecines* pour les Peaux-Rouges. Quant au signe qui nous occupe en ce moment, il nous serait difficile de dire si c'est un enclos sacré, un des échafaudages mystiques qui se trouvent dans beaucoup de *loges-médecine*, ou bien une image de quelque épisode ou phénomène météorologique. Nous serions assez disposé à l'interprétation dans ce sens, car le premier groupe de la dernière ligne représente un homme tenant à sa disposition l'esprit des nuages, de la pluie ou de la foudre,

A la page 34, l'emblème de l'eau n'est pas personnifié, c'est tout simplement un ovale imitant un panier et contenant des lignes ondulées en zigzag. Cela nous fait supposer que ce personnage est tout simplement un *faiseur de pluie* de quelque célébrité. La chapelle que l'on voit sur la même ligne n'a plus le même caractère que les précédentes, et nous pensons qu'ici elle ne représente pas un monument, une construction en bois, mais une tente qui servait au culte des premiers chrétiens de la Nouvelle-France.

La première figure de la troisième ligne porte à la tête un appendice horizontal qui ressemble à un bec d'oiseau : ceci est assez commun dans la pictographie indienne, et dénote la possession des facultés que possède l'animal dont le personnage porte un des attributs. Les deux figures, en partie crayonnées en rouge, qui viennent ensuite sont probablement des « esprits ou des *sacs de médecine* d'une grande importance surnaturelle.

La page 35 nous offre en premier lieu deux hommes dévorés par des rats ou d'autres quadrupèdes de ce genre, ensuite une figure à moitié effacée, ayant à droite de la tête une ligne en zigzag qui se dirige vers un rond noir, et pour indiquer que ce personnage a la faculté d'apercevoir ou d'entendre ce qui se passe dans la lune ou pendant la nuit. De la tête du second personnage on voit une ligne semblable, au bout de laquelle se trouve un rond blanc, ce qui signifie que ce personnage possède la même faculté à l'égard du soleil ou des distances pendant le jour.

A la première ligne de la page 36, quatre figures entourent un chaudron rempli d'eau. Cette scène peut s'interpréter dans un sens allégorique, l'eau étant l'emblème des nuages ou de la pluie, et dans un sens purement représentatif, c'est-à-dire indiquant la préparation de quelque festin.

Le dernier groupe de la page 37 représente un homme et une femme dans l'acte de se rendre le devoir conjugal :

cette union matrimoniale est également susceptible d'une double interprétation.

La première figure de la page 38 symbolise le Grand-Esprit auquel un Indien offre son cœur. La dernière figure de cette même page nous paraît être celle d'un chef assis dans une loge sacrée, ou sur un objet symbolique.

La première figure de la page 39 est celle d'un esprit ou d'un Indien, placé au-dessus du firmament et remplissant l'espace de sa puissance surnaturelle. La dernière figure de la même page semble représenter un chef qui tient la lune dans ses mains et qui se promène pendant la nuit ; mais ceci est tout à fait allégorique.

La page 40 ne nous paraît représenter que des orgies contre nature.

Le cinquième chapitre est très-incomplet; il manque le commencement; la moitié de la page 41 est formée de quatre petits morceaux de papier blanc, collés les uns sur les autres, et le dernier feuillet est aux deux tiers déchiré. Ce qui reste de ce chapitre nous fait supposer qu'il donnait quelques détails sur les scènes mystiques des *midés*.

Les quatre premières figures de la page 41 sont des esprits célestes secondaires, ou des amulettes d'une puissance peu commune ; au-dessous de ces figures se trouve un chef avec deux oreilles fort larges et une ligne droite sur la tête, qui signifient qu'il est attentif aux inspirations qui lui viennent d'en haut. A la page 42, ligne troisième, on voit un homme qui paraît être attaché à un poteau, tandis qu'à côté de lui, un autre personnage, crayonné en rouge, semble marcher avec des chaussures à neige ; mais ces sortes de raquettes indiquent ici un esprit.

La troisième figure de la première ligne, page 43, représente l'union symbolique d'un *midé* avec un oiseau dont il porte les ailes. Quant aux lignes droites qui partent de la tête dans un sens plus ou moins horizontal, et que nous voyons dans plusieurs des figures suivantes, elles peuvent s'interpréter comme symbole de l'abondance, du don de la triple vue, ou de toute autre faculté physique ou intellectuelle. A la page 44, quatre de ces figures sont dessinées de manière à laisser des doutes si elles sont à genoux ou dans l'acte de courir.

Au bas de la page 47, le mot *Anna* est écrit assez distinctement pour nous faire croire que nous ne devons pas chercher une autre signification à ces caractères alphabétiques.

Le vi[e] chapitre commence à la page 48, au-dessous de la ligne qui le sépare du chapitre précédent, et finit à la page 69, quoique la page 60 soit coupée par une ligne qui semble indiquer une autre division. Les premières pages contiennent des scènes phalliques ; viennent ensuite des allégories fort obscures, puis des récits historiques et religieux se rattachant à l'introduction ou à l'enseignement du christianisme dans une tribu sauvage.

La première figure de la page 50 représente un chef renversé et orné de ses insignes ; cela nous ferait supposer qu'il est mort, mais ceci est pourtant douteux, car son totem, ou blason, qui se trouve au-dessous de lui n'est point renversé, de sorte que cette posture indique probablement ici le repos. On pourrait dire la même chose du dernier personnage qui n'a ni totem, ni aucun autre indice de la mort. Les six figures placées les unes à côté des autres dans la même page n'ont ni bras ni jambes, signes ordinaires de l'enfance dans la pictographie des Peaux-Rouges, mais leur sexe est indiqué au-dessous de leur buste : ce sont trois garçons et trois filles.

A la page 51, on voit un chasseur armé d'un fusil en face d'un arbre, symbole d'une forêt, au delà de laquelle se trouvent quatre figures humaines, dont l'action n'est pas spécifiée.

Les deux premiers personnages de la page 52 sont assis et portent dans la main l'un une médaille et l'autre une croix. Ces deux signes peuvent être pris dans un sens symbolique comme dans un sens totémique. Au-dessous d'eux se trouvent deux signes composés principalement d'un certain nombre de petits anneaux ayant une même direction, et liés les uns aux autres. Ce signe, que nous n'avons vu nulle part, si ce n'est dans ce manuscrit, paraît avoir différentes significations selon ses annexes et sa position ; quelquefois il symbolise l'union, d'autrefois l'éloquence, ou l'abondance dans un sens général; parfois aussi les nuages, comme emblème non de la pluie, mais d'un pouvoir céleste. Mais nous ignorons complétement la valeur idéographique de ce signe lorsqu'il est isolé ou privé de toute annexe.

La première figure de la deuxième ligne, page 52, nous paraît être celle d'un chef décédé, au moins dans un sens allégorique. Cette opinion n'est pas seulement fondée sur la ressemblance de cette figure avec le buste d'un squelette, mais encore sur l'avant-dernier caractère de la même ligne qui, nous l'avons déjà dit, s'interprète généralement par le scalp d'un homme, symbole de la mort.

La première figure de la quatrième ligne représente un homme ayant des rayons de soleil autour de la tête. Il est à remarquer que dans la pictographie indienne, le soleil n'est pas seulement l'emblème de la lumière et du savoir, mais c'est encore un symbole de la vigilance; et celui qui a l'image du soleil dessus les épaules, à la place de la tête, possède toutes les qualités attribuées à cet astre du jour.

La seconde figure de la deuxième ligne, page 55, nous offre également un signe nouveau, c'est un homme qui semble jeter du feu par la bouche; sans la couleur rouge qui favorise cette interprétation, nous aurions pris les petites lignes noires horizontales pour de l'eau, car elles ont à peu près toujours cette signification dans l'idéographie des Peaux-Rouges : dans l'un et l'autre cas, cette figure est allégorique.

Le second groupe de la page 56 représente deux hommes unis par les mêmes vues, se jurant une alliance offensive et défensive sur un objet superstitieux. Le cercle croisé du bas de la même page est un symbole de la pleine lune, qui n'est pas seulement l'image de la nuit, mais encore l'heure des secrets et des entreprises guerrières.

La première moitié de la page 59 représente neuf enfants instruits par deux maîtres, dont chacun a sa spécialité. Au second des deux professeurs nous paraît être confiée l'éducation religieuse. Immédiatement au-dessous de lui on voit un esprit ou un homme doué d'un pouvoir surnaturel, assis dans le firmament et soufflant les nuages. Nous serions assez disposé à croire que cette page et les huit suivantes ont rapport aux enseignements catholiques des premiers missionnaires, qui, tout en substituant les doctrines de l'Évangile à la théogonie indienne, conservèrent néanmoins la phraséologie des sauvages dans l'explication des dogmes et de la morale catholiques.

La première ligne de la seconde moitié de la page 60 nous représente deux esprits célestes, que nous prendrions volontiers pour les esprits du feu, maîtres suprêmes des nuages, de la foudre et de la pluie.

La première ligne de la page 61 semble indiquer un enfant dans un tombeau, gardé par deux prêtres. Serait-ce une représentation de la crèche ou du Saint-Sépulcre? Il est très-possible que l'auteur ait voulu retracer une image tirée de nos cérémonies de Noël, du jeudi saint ou de nos coutumes et croyances religieuses.

A la page 62, nous voyons deux fois la figure d'une ânesse ou de la femelle d'un quadrupède à longues oreilles; cet animal nous paraît totémique et désigner le nom de la personne à laquelle il tourne le dos.

A la page 63, nous croyons lire le mot *Maria* en caractères alphabétiques ; mais, nous le répétons, dans la prochaine étude, plus minutieuse et plus complète que nous ferons de ce manuscrit, nous nous appliquerons à déchiffrer toutes les inscriptions alphabétiques que contient le manuscrit.

Au-dessous de cette inscription on voit deux groupes qui indiquent moins un combat qu'une attaque au moyen d'une arme à feu ou d'un sabre. La seconde figure de la ligne du milieu porte une espèce de mitre, mais il nous est difficile d'assurer si c'est en effet le symbole d'un supérieur ecclésiastique ou d'un sachem. Le dernier signe qui précède l'I au bas de la page nous paraît figurer un tumulus auprès duquel se seraient passées les scènes tracées au-dessus.

La page 64 est aussi embrouillée que raccommodée ; nous y voyons pourtant deux figures nouvelles : ce sont des cygnes ou des oies, probablement les totems qui désignent les noms ou le clan des Indiens auxquels ils tournent le dos.

La deuxième ligne de la page 65 nous offre d'abord un signe, malheureusement en partie effacé, et qui renferme dix petits traits : à droite et au bas de ce signe se trouvent deux figures ayant la forme d'une main. Vu l'état détérioré de ce signe, nous n'oserions pas lui donner d'une manière absolue une signification déterminée ; néanmoins, tel qu'il se trouve dans le manuscrit, nous croyons qu'il peut recevoir différentes interprétations. La plus probable est que ce signe représente un fort ou un camp retranché; les dix traits renfermés dans l'enceinte seraient alors les cabanes des militaires ou les compagnies de soldats, et les deux mains seraient des ouvrages avancés ou des chemins pour entrer ou pour sortir du fort. Il est aussi très-possible que cela soit un port contenant dix canots. La deuxième figure, qui vient ensuite, est la représentation du lièvre ou du quadrupède totémique que nous avons déjà vu aux pages 50 et 56; sa position renversée indique sa mort, et l'homme qui lui plonge un instrument dans le corps indique une mort violente. Dans un sens symbolique, cette ligne pourrait signifier que le clan ou la tribu représentée par le quadrupède aurait cessé de vivre dans le lieu spécifié. Ceci pourrait être également une allégorie pour dénoter la fin d'une vie morale ou d'un état de chose qui n'est plus ou encore le commencement d'une ère nouvelle.

La troisième ligne de cette même page nous paraît être la reproduction d'un autel orné de six flambeaux allumés et d'un missionnaire remplissant ses fonctions divines. Si cette interprétation était erronée, on pourrait supposer que cette ligne représente un grand fort avec des palissades à droite et à gauche et six bouches à feu; mais ceci nous paraît peu probable. On pourrait croire encore que c'est l'image d'une loge sacrée avec toutes les annexes mystiques et symboliques employées par les midés pendant leurs cérémonies mystérieuses. Ce qui vient à l'appui de cette hypothèse, c'est que nous voyons aux pages 66, 67 et 68 plusieurs figures ayant à droite ou à gauche un signe symbolique que les Indiens appellent *médecine*, et qui dénote un pouvoir magique ou surnaturel ; mais nous pensons que ce symbole peut parfaitement s'appliquer aux pouvoirs spirituels des ministres de Dieu, et que notre première interprétation est la meilleure.

A la page 66, on voit un carré contenant quatre figurines et entouré d'un cercle de têtes de buffles qui peuvent s'interpréter ici pour des anges ou des esprits protecteurs.

Le premier personnage de la première ligne, page 68, porte deux lignes en zigzag qui sortent de sa tête, pénètrent la tête d'un second personnage et s'échappent plus loin dans une direction horizontale. Dans la pictographie indienne, ce genre de ligne dénote toujours une grande puissance de vision, d'éloquence ou d'intelligence. Ici le premier personnage communique au second le double pouvoir qu'il possède.

La première figure de la deuxième ligne, page 69, représente un chef orné de tous ses insignes. Plus bas, un homme frappe du pied un quadrupède sans queue. Cette scène ne peut avoir de l'importance qu'en lui donnant un sens allégorique.

Le septième chapitre comprend les dix-huit pages suivantes, et ne contient guère que des scènes mystiques et des turpitudes phalliques en usage pendant les réunions nocturnes des *ouabinos*. La page 70 renferme quatre sachems ou quatre hommes-médecine de la société des *ouabinos* ou des *midés*, et revêtus de la fameuse coiffure en plumes d'aigle, indice du pouvoir. Aux pieds de chacun d'eux se trouvent des caractères qui les désignent.

Le même fait se reproduit en haut de la page 71. Les scènes phalliques commencent ensuite et se continuent presque sans interruption jusqu'à la fin du chapitre.

A la page 73, nous voyons un homme-médecine et un quadrupède. Quoique cet animal nous paraisse un cheval ou un âne au premier abord, il serait téméraire de le spécifier, car les animaux symboliques ou totémiques des Peaux-Rouges sont en général grossièrement dessinés. Nous avons vu des figures de lynx avoir beaucoup de ressemblance avec le cheval. Le lynx étant le symbole des *midés*, il est souvent représenté dans les inscriptions indiennes. Au bas de la même page, on voit un homme ayant six yeux et un cœur énorme, mais il n'a aucune marque désignant un chef, un sachem ou tout autre personnage d'un rang élevé.

A la page 74 nous voyons trois figures humaines avec un nouveau genre de coiffure symbolique, et que nous ne saurions déterminer d'une manière précise. Quant aux deux dernières figures, elles paraissent être frappées, chassées ou courbées par la foudre, symbole de la puissance divine.

La première figure de la page 75 nous semble consommer un acte de sodomie sur un quadrupède, mais sans doute c'est une allégorie.

Les quatre premières figures de la page 76 paraissent appartenir au clan figuré par l'animal totémique sur lequel elles sont montées. Les turpitudes phalliques, excrémentielles et spermatiques remplissent ensuite le reste du chapitre. Nous devons pourtant faire remarquer que la page 79 est une répétition à peu près exacte de la page 78.

La page 83 nous offre un soleil, quatre têtes de mort et un autre signe nouveau, le dernier de la page, qui nous paraît être une figure du *cteis*, pris allégoriquement. C'est la première fois qu'on le voit isolé.

Le premier groupe de la page 85 représente un *homme-médecine* ou un esprit, sous l'influence duquel se courbe un homme qui porte en lui-même les attributs du soleil.

Les pages 86 et 87 nous représentent deux trinités d'hommes ou d'esprits puissants ayant les mêmes insignes que les cinq personnages des pages 70 et 71.

Le huitième chapitre, fort court du reste, ne contient guère que deux sujets, qui pourraient même se réduire à un seul. Il se compose d'une série de trois ou quatre figures unies par une espèce de queue ou par une ligne droite. Il est possible que la queue représente un *sac de médecine* ou tout autre objet superstitieux de même nature. Quant aux nouvelles coiffures carrées qui surmontent la tête de la plupart de ces figures, il est possible qu'elles aient la même signification que les auréoles ou cercles que nous avons déjà remarqués au commencement de ce manuscrit; mais nous croyons plus probable qu'elles indiquent des Européens ou des Indiens du Sud avec lesquels sont en pourparlers les hommes isolés de droite ou de gauche.

La page 93 est formée de deux morceaux de papier

collés sur la page primitive, et les sujets ont l'air de se rapporter au chapitre précédent.

Le neuvième chapitre, qui commence à la page 94 et finit à la page 103, n'a rien de remarquable. La page 94 ne contient que des signes déjà connus. La dernière figure de la page 95 représente un homme qui se châtie avec des orties. L'ortie est une plante médicinale qui indique des connaissances profondes en médecine. A la page 102, on voit un homme ayant une bosse, des oreilles de lièvre et une tête d'oiseau. Cet être fantastique est un emblème de la destruction ou de l'union mystique des différents animaux pris allégoriquement. Avant la page 103 il vient quatre pages qui ont été déchirées. La page 103 nous représente probablement un champ de riz ou de maïs et termine sans doute un épisode de chasse; mais les pages manquantes nous empêchent de préciser notre opinion sur ce sujet.

Le chapitre dixième, moitié mystique et moitié historique, ne se compose que de huit pages, dont la plupart des signes nous sont déjà connus. Le troisième signe de la première ligne, page 109, ressemble à une tente, et, dans la pictographie indienne, il indique le cercle domestique. Un peu plus bas, on voit un autel avec une croix et quatre chandeliers, mais aucun indice de missionnaire. Le dernier signe qui précède l'I, à la page 111, nous paraît être deux sentiers de guerre dont la position géographique n'est pas indiquée. Ces sortes d'échelles reçoivent invariablement cette interprétation dans la pictographie indienne.

La première ligne de la page 112 n'est probablement pas autre chose qu'une représentation de ces engins de guerre que fabriquaient les Indiens, et dont ils se servaient pour s'abriter contre les balles ennemies lorsqu'ils attaquaient les villages ou les forteresses des blancs.

Le onzième chapitre, qui commence à la page 113 et finit probablement à la 131, nous semble raconter quelques épisodes historiques d'une tribu, ou pour mieux dire d'un clan dont le totem serait une oie.

La page 113 représente l'émigration ou une expédition de clan qui se dirige de l'Orient à l'Occident. Après un certain nombre de lunes, les émigrés arrivent dans un lieu boisé, riche en gibier et plantes médicinales, page 114. Ils s'établissent ensuite dans une autre localité, abondamment pourvue de *pommes blanches*, de racines alimentaires, d'arbres et de fruits, page 115. Ils se construisent un fort, récoltent du maïs ou du riz sauvage, page 116. (Nous supposons qu'il manque ici un feuillet.) Ils font une bonne récolte de légumes, de racines et de plantes nutritives, page 117, et reviennent de l'Occident à l'Orient chargés de provisions, page 118. Nous pensons que les points contenus dans les deux triangles et les trois carrés longs de la page 119 sont des signes numériques, qui indiquent le nombre d'individus habitant les cabanes et les tentes élevées en cet endroit. A la page 120, on voit une rencontre entre des hommes armés de fusils. Les cinq qui se trouvent au-dessus désignent peut-être le nombre des morts ou celui des combattants, car étant alignés ainsi, il n'est guère probable qu'ils représentent des caractères syllabiques.

Le premier signe de la page 123 nous paraît représenter un baril d'alcool ou *eau de feu*, et le deuxième un ballot de peaux ou de fourrures. Les deux dernières lignes de la même page figurent sans doute un nombre de chasseurs qui reviennent chargés de butin ; si c'étaient des guerriers qui partent pour une expédition guerrière, ils ne porteraient pas sur le dos cette bosse, symbole de l'abondance des biens terrestres.

Les premiers instruments de la page 124 représentent des pipes ou des casse-têtes. Au-dessous d'eux viennent deux animaux totémiques; le second, que nous n'avons pas encore vu, a deux cornes et pas d'oreilles, c'est sans doute un moufflon. A côté d'eux, on voit un signe que l'on peut interpréter indifféremment pour le soleil éclairant le firmament, ou pour un symbole du temps.

Les deux premières figures de la page 127 sont deux grands personnages, hommes de cœur et d'intelligence, chefs de deux nations puissantes.

Le principal sujet de la page 128 est certainement la description topographique d'un lieu célèbre par quelque traité ou par un combat, et où s'élevaient quatre tumuli ou montagnes.

Les pages 129 et 130 représentent un combat sanglant; le champ de bataille est jonché des membres et des cadavres de ceux qui ont succombé. A la page 131, le combat cesse par la fuite des vaincus, poursuivis de près par les vainqueurs. Vient ensuite une inscription alphabétique et deux personnages : le premier figure le génie de la guerre, et le second un chef assis sur un tambour magique, et tenant dans une main l'emblème de la gloire militaire, c'est-à-dire une flèche ornée de deux plumes d'aigle.

Le douzième chapitre commence à la page 132 et ne finit qu'à la page 173 ; quoique le sujet soit mélangé de mysticisme et d'histoire, on y voit peu de signes nouveaux, mais beaucoup de ceux que nous avons déjà vus sont modifiés par des annexes symboliques, qui compliquent les idées graphiées en une seule figure ou en un seul groupe.

La première ligne de la page 132 représente deux navires venant de l'Est et se dirigeant vers l'Ouest; au-dessous du premier, il se trouve une figure humaine dont la disposition des bras et les appendices indiquent l'abondance des vivres ou des moyens de subsistance. Plus bas, on voit le simulacre d'un crucifix, qui précède une série d'hommes liés ensemble par une chaîne non interrompue d'anneaux placés en face des yeux. Une de ces figures, à la page 133, est entourée de rayons de soleil, indice invariable d'une suprématie intellectuelle. Ces anneaux nous paraissent être des signes numériques ou chronologiques, un symbole du temps, car leur arrangement prouve que leur nombre est intentionnel; ainsi, entre la troisième et la quatrième figure de la deuxième ligne, page 133, ces anneaux, au nombre de huit, sont placés sur trois lignes ; si l'auteur n'avait eu en vue que la représentation d'une union symbolique, trois anneaux auraient suffi pour compléter cette chaîne.

Les deux lignes courbes qui passent par-dessus la tête des deux dernières figures de la même page, dénotent une mutuelle protection.

Les pages 134 et 135 nous offrent des figures humaines ornées d'un appendice auriculaire marqué en rouge. Nous ne croyons pas que l'on doive appliquer ici la signification ordinaire des signes de ce genre; d'abord à cause de sa couleur et de sa forme allongée, ensuite parce que les personnages qui en sont doués sont pour la plupart dans un état passif, de sorte que ce signe nous paraît devoir être interprété comme une qualification de l'individu et non pas une action symbolisée. Notre travail étant une tâche consciencieuse et n'ayant pas un but de vaine gloire, nous préférons n'émettre que des opinions personnelles, plutôt que de hasarder un jugement arbitraire et purement gratuit, qui se fonderait sur une assurance à peu près certaine de n'être pas contredit, à cause de la pénurie des documents sur une matière que personne n'a traitée avant nous, aussi longuement et aussi positivement. C'est avec la même circonspection que doivent s'interpréter les figures nombreuses qui se rencontrent aux pages 134, 135 et suivantes; ces figures tiennent dans la main une ou deux sortes de croissants allongés, que nous n'osons pas spécifier. Il est possible que ce soit la marque totémique d'une tribu ou l'action symbolique d'un individu. Dans le doute, nous préférons nous abstenir de donner une explication dont nous ne sommes pas complétement convaincu.

L'épée que portent plusieurs personnages dans ce chapitre dénote le commandement. En général, cet insigne n'est donné qu'aux blancs.

A la page 141, nous voyons deux *hommes-médecine* ou deux chefs ayant deux lignes en zigzag horizontales qui leur sortent de la tête ; ce signe, qui représente l'air en mouvement où la foudre, symbolise toujours, comme nous croyons l'avoir déjà dit, une grande puissance, soit de la vue, soit de la parole, soit de l'ouïe. Ici ce signe est répété plusieurs fois, comme à la page 74, dans une direction verticale, et sans autre auxiliaire qu'une ligne droite horizontale, d'où les lignes en zigzag proviennent ; cette particularité nous fait supposer qu'elles symbolisent également la pluie, la foudre, l'orage ou tout autre phénomène atmosphérique.

La page 53 nous présente d'abord deux hommes décédés, et à peu près semblables au premier personnage de la seconde ligne page 52. Ensuite il vient une figure humaine ayant quatre petits ronds au bout des membres. Cette figure est celle d'un esprit céleste, probablement même d'un personnage emprunté au dogme catholique, car nous le verrons revenir plusieurs fois, inspirant des individus par sa présence, leur communiquant ses qualités et possédant des attributs exceptionnels d'un ordre très-élevé.

A la page 143, on voit deux fois le monogramme du

Christ, c'est-à-dire l'H surmontée d'une croix, et une fois le nom de *Maria*, avec une multitude de ces caractères symboliques ou syllabiques que nous avons mentionnés au commencement de cette notice.

La page 144 nous offre deux cartouches à peu près semblables, sinon pour la forme, du moins pour les objets qu'ils renferment ; si ces objets étaient des signes phonétiques, nous aurions ici une analogie singulière avec les cartouches des monuments hiéroglyphiques égyptiens. La disposition des figures symboliques est presque la même dans l'un et l'autre cartouche. D'abord c'est une espèce de tête de buffle avec ses deux cornes, symbole du pouvoir ; à droite des lignes verticales en zigzag, emblème de la foudre, symbole du châtiment ou de la puissance divine ; au-dessous un squelette entouré d'un serpent dans le second cartouche, tandis que dans le premier il entoure une pierre magique ; puis, à droite, on remarque ce même esprit, que nous avons déjà vu à la page 142. Nous ne doutons pas que ce groupe idéographique ne soit digne d'un intérêt réel, et que son interprétation ne présente aucune difficulté sérieuse. Quant à nous, nous ne serions pas loin de lui donner une signification biblique, car si nous voulions pictographier avec des signes indiens l'histoire de la chute du premier homme, nous emploierions à peu près les mêmes signes que nous trouvons dans ces deux cartouches.

Les pages 147 et 148, comme la page 128, nous offrent également des cartouches contenant des caractères symboliques, arithmétiques, et peut-être syllabiques, dont nous ignorons la valeur positive.

Les deux premières figures humaines de la page 148 nous représentent deux personnages européens, ornés des emblèmes de la souveraineté ; ces emblèmes sont isolés aux pages 163 et 164 ; le second de la page 164 est renversé, ce qui, dans le langage totémique, signifie la mort de celui qui porte cet attribut ; mais, dans un sens allégorique, on peut interpréter ce signe, ainsi renversé, par la destruction du pouvoir suprême exercé par la personne auprès de laquelle se trouve cet attribut.

A la page 149, on voit une tête de mort isolée et accompagnée de l'emblème du scalp ; plus bas, on voit également un homme dont la tête est séparée du corps, et quoique le personnage qui est placé à gauche ne porte aucune arme avec lui, l'arrangement des figures indique qu'il enlève la vie à celui qui est privé de la tête.

Le second groupe d'hommes de la page 150 représente un esprit ou un *homme-médecine* ayant ses deux mains dans le corps d'un *midé*. Aux pages 151 et 152, c'est la tête de ces esprits ou de ces êtres possédant une puissance céleste qui est plongée dans le corps des *midés*. Ceci est un symbole d'une interprétation facile. Dans le premier cas, les mains signifient que l'individu est poussé, supporté, influencé par une volonté autre que la sienne ; dans le second cas, la tête signifie que l'individu est inspiré par un pouvoir autre que le sien, et qu'il possède toutes les qualités, toutes les facultés d'un être supérieur, qui les lui communique d'une manière surnaturelle.

Une ligne elliptique, portée sur les épaules, symbolise un ballot et dénote la richesse ; portée sur la tête, elle symbolise la gloire ou la puissance surnaturelle ; lorsqu'elle enveloppe la tête et les épaules tout à la fois, comme nous le voyons aux deux premières figures humaines de la page 153, elle symbolise non-seulement un homme chargé de biens, mais elle implique encore une influence miraculeuse, un pouvoir presque divin. Au bas de cette même page, à gauche, on voit des bras et des jambes séparés du tronc, et, à droite, des bras et des jambes en croix ; quoique ces signes soient ordinairement des emblèmes funèbres ou de mort, nous n'avons jamais vu dans la pictographie indienne des membres ainsi disposés qui puissent nous éclairer d'une manière exacte sur la signification de cet arrangement.

La page 154 nous offre quatre groupes de figures humaines, chacun composé d'un *homme-médecine* et d'un personnage symbolisé : le premier est écartelé ; le deuxième porte un cœur sur la poitrine ; le troisième a le corps traversé de l'emblème de la foudre, et le quatrième a dans le corps la tête d'un esprit ou d'un *midé* symboliquement uni à un oiseau. Toutes ces figures nous étant déjà connues, nous nous contentons d'en faire l'énumération.

A la page 155, nous voyons une série de figures qui reviennent dans la suite de ce chapitre, et qui se distinguent par une longueur démesurée du cou, de sorte que la tête, renversée en arrière, paraît être presque arrachée du corps. Cette étrange singularité peut recevoir deux explications, à notre avis : la première, c'est que ces figures ont des cous de cygne, et qu'ils désignent soit une tribu, soit un clan, de même que l'on représenterait des hommes chaussés de mocassins foncés pour désigner la tribu des Pieds-Noirs, etc. La deuxième explication nous semble tout aussi probable. Il existe dans plusieurs tribus du Nord la coutume de s'infliger des tortures volontaires par un motif religieux ; dans ces sortes de cérémonies, les torturés sont suspendus par des cordes à des poutres. Il est possible que l'auteur ait voulu spécifier ici ces victimes du fanatisme religieux : ce qui rend cette opinion assez spécieuse, c'est que nous voyons, à plusieurs reprises, ces figures accompagnées des *hommes-médecine* qui leur tiennent la tête ou le cou. Quoi qu'il en soit, la nature et la disposition de ces figures ne nous permettent pas de leur donner une interprétation autre que symbolique ou mystique.

La page 164 nous présente deux groupes d'hommes : le premier prie pendant le jour, symbolisé par le soleil, et le deuxième marche pendant la nuit, symbolisée par la lune.

Les pages 166, 167 et 168 se composent d'une série de scènes purement représentatives : ce sont des duels ou des combats avec des armes différentes ; les lieux et la cause de ces hostilités paraissent être indiqués au bas de la page 167. Le dernier groupe de la page 166 représente une trêve, une suspension d'armes, et celui de la page 168 l'union offensive et défensive d'un certain nombre de guerriers. La vue de ces deux hommes portant un grand cœur sur la poitrine nous fait souvenir que nous avons oublié de dire, au commencement de cette notice, que les signes symboliques placés sur une figure pour la qualifier sont pris quelquefois totémiquement, c'est-à-dire qu'ils désignent l'individu ou les individus d'un même clan, d'une même race. Ainsi, le soleil placé sur les épaules d'un homme dénote la possession d'une influence surnaturelle aussi bien que la vigilance, la lumière, le savoir et tout autre attribut de ce genre; mais souvent aussi il désigne un personnage renommé par ses qualités ou par ses vertus, et peut désigner également toute une classe d'êtres privilégiés. Cet exemple, qui paraît compliquer la valeur des signes, en rend pourtant l'intelligence plus facile par l'élasticité d'interprétation auxquels ils se prêtent.

Le dernier groupe de la page 169 nous paraît représenter le baptême d'un Indien. Aux pages 171 et 172, on compte sept médaillons renfermant chacun un esprit; nous pensons que c'est une allusion aux sept sacrements et aux grâces qu'ils confèrent à ceux qui les reçoivent. Les symboles chrétiens qui sont en regard de trois de ces médaillons, page 172, corroborent notre opinion.

On ne doit pas s'étonner de la variété des sujets disparates, incohérents même, qui se mélangent, se confondent et se groupent dans la pictographie indienne. L'art graphique des Peaux-Rouges nous offre de pareils exemples à chaque instant; on dirait que leur imagination ardente ne leur permet pas de s'arrêter longtemps sur le même sujet et de le developper avec quelques détails; leur pensée vagabonde avec une légèreté étonnante en ne laissant que des traces fort incomplètes, lorsqu'elle est consignée sur du papier, de l'écorce, des peaux ou des rochers, et il n'est pas toujours facile de découvrir ce que l'impatience ou l'incapacité de ces historiens sauvages ont laissé inachevé.

Le chapitre finit par une série de points numériques rangés sur dix colonnes, par les deux animaux que nous avons vus à la page 124 et par quatre têtes de mort semblables à celles de la page 83.

Le sujet du chapitre treizième nous paraît fort obscur; le mysticisme et la religion y jouent certainement le principal rôle, et l'histoire y entre pour très-peu de chose.

La page 174 commence par une figure représentant l'union symbolique d'un *midé* avec un oiseau, signe fréquemment reproduit dans ce manuscrit, et qui peut également s'interpréter pour l'image d'un esprit céleste. Viennent ensuite trois lignes roulées comme des ressorts de montre, et dont la signification symbolique nous est inconnue.

La page 175 nous offre trois hommes en prières devant des esprits célestes, dont le dernier de la troisième ligne tient un enfant au côté. Un cercle de points, surmonté d'une croix formée de quatre points, représente un chapelet et dénote la nature de la prière de la dernière figure prosternée.

L'animal qui accompagne la première figure de la page 176 est symbolique et totémique tout à la fois. La deuxième figure de la même page doit se lire de droite à gauche. Le personnage en question a les bras recourbés vers le ventre, pour indiquer qu'il est rempli des biens qu'il reçoit de l'esprit qui le protége.

Au bas de la page 179, à côté des deux X, on voit l'emblème de quelque divinité indienne monstrueuse.

A la page 183 se trouvent deux têtes de mort avec les tibias en croix. Ce luxe de détails pour représenter la mort est fort rare parmi les Peaux-Rouges, de sorte que nous supposons qu'il s'agit ici de quelques personnages importants.

On voit à la page 186 deux roues ayant chacune un manche, et qui ressemblent à ces instruments sur lesquels les Indiens font sécher le scalp des ennemis et qui doivent servir à la danse du scalp. Les lignes droites qui entourent la première et les deux dernières figures humaines de cette même page désignent l'habitation des blancs; celle des Peaux-Rouges est généralement symbolisée par une tente.

La page 191 nous offre deux singularités : la première c'est un homme dont les membres, dessinés en zigzag, marquent la rapidité des mouvements ; la seconde est un homme dont la figure est barbouillée de noir pour désigner qu'il marche dans l'ombre ou pendant la nuit ; ceci peut également s'interpréter d'une manière allégorique, pour indiquer des actions mystérieuses, cachées, obscures.

Au bas de la page 194, on voit encore l'image grossière

d'une divinité indienne et un homme avec des oreilles de lièvre.

Parmi les figures de la page 197, il s'en trouve quatre privées de leurs têtes, et cinq plus bas dont le sexe est indiqué par le *cteis;* et, parmi les neuf de la page 199, trois ont des membres contrefaits et trois autres portent entre les mains des espèces de marteaux, qui sont peut-être des tomahawks que nous revoyons aux pages 201, 204 et 205.

Le premier personnage de la page 203 porte son nom ou son totem sur le front; il revient aux pages 204, 205, 206 et 207, dont il est le principal sujet; son rôle paraît être celui d'un homme supérieur, d'un chef puissant, riche et doué d'un pouvoir magique peu commun.

Le dernier chapitre commence à la page 209; il rappelle des souvenirs du passage des missionnaires dans une tribu indienne et confirme l'interprétation que nous avons donnée à plusieurs signes des pages 13, 16 et 65.

Nous croyons que l'espèce de mitre surmontée d'une croix et portée par le premier personnage de la page 109 est réellement ici l'emblème de la dignité épiscopale, et que ce groupe représente un évêque donnant la confirmation à l'homme à genoux.

A la page 210 on voit un signe nouveau; c'est un ostensoir ou un reliquaire devant lequel un officier est à genoux.

La première figure de la page 215 est indubitablement la représentation d'un autel avec quatre flambeaux, et d'un missionnaire dans l'acte de célébrer le saint sacrifice ; la différence qui existe entre ce groupe de signes et celui de la page 65 est trop insignifiante pour ne pas leur attribuer à tous les deux la même signification. Les deux lignes suivantes de la même page 215 dénotent la même action, mais sans doute dans une intention différente. Ainsi la troisième figure de la deuxième ligne est l'image du squelette d'un chef dont les attributs sont symbolisés par deux cornes ; et le missionnaire qui est au milieu nous paraît offrir la messe pour le repos de l'âme du défunt crayonné à côté de lui.

Les pages 218 et 219 nous représentent des hommes a genoux et en prières autour d'une église, et à la page 221 on voit une exposition sur un autel soit du saint-sacrement, soit d'un reliquaire. En un mot, tout ce chapitre ne contient que des scènes religieuses du culte catholique, excepté la dernière figure de la page 227, qui représente un homme ayant un fusil sur ses épaules, pour dénoter qu'il a le pouvoir de retrancher la vie. Dans certaines inscriptions indiennes, ce même signe est une espèce d'avertissement fait aux passants de ne pas chasser sur des terrains particuliers.

Telle est la signification des principales figures de ce singulier manuscrit, le seul de ce genre qui ait été découvert jusqu'à ce jour depuis que le Nouveau-Monde nous est connu. Nous aurions pu nous étendre plus longuement sur bien des sujets que nous pensions comprendre avec plus ou moins d'assurance ; mais, préférant nous taire plutôt que d'exposer des opinions ou des assertions, que de nouvelles recherches pouvaient modifier ou changer, nous nous sommes limité, dans ce premier travail, à déchiffrer tout simplement, avec le moins de commentaires possible, les traits caractéristiques de ce manuscrit, et à spécifier plus ou moins la nature des objets figurés ou représentés, nous abstenant de tout détail spécieux qui liât entre eux, dans notre esprit, les scènes, les actions, les personnages et les signes symbolisés.

La valeur idéographique ou symbolique d'une certaine quantité de signes reproduits fréquemment, avec ou sans modification, ne peut être exactement interprétée qu'après une série d'études longues, variées, d'autant plus laborieuses que l'alphabet pictographique des Peaux-Rouges est fort borné, à peu près inconnu, et que dans ce manuscrit il existe une foule de signes ou de combinaisons de signes qui ne se rencontrent dans aucune des inscriptions indiennes publiées jusqu'à ce jour. Nous espérons que les archéologues, les antiquaires américains et les sociétés savantes des États-Unis qui en possèdent quelques-unes, aussi simples qu'elles soient, retrouveront parmi ces inscriptions quelques signes ayant de l'analogie avec ceux que nous publions, et qu'ils en feront part au monde savant avec l'interprétation qu'ils croiront devoir leur donner. La publication de tous ces monuments hiéroglyphiques finira par jeter une lumière certaine sur cette science, encore plongée dans les ténèbres de l'enfance, et facilitera la tâche que nous nous sommes imposée en modifiant quelques-unes de nos idées, guidant les autres et les corroborant, de sorte que le livre que nous épelons aujourd'hui sera bientôt lu couramment d'un bout à l'autre.

De notre côté, nous continuerons nos investigations sur la signification des signes symboliques isolés ou combinés avec d'autres, ainsi que l'étude des nombreux caractères alphabétiques et syllabiques que nous n'avons fait que signaler, et qui expliqueront peut-être bien des scènes dont le sens réel nous échappe. Nous finirons certainement par obtenir ainsi pour la pictographie et les inscriptions américaines les mêmes résultats qui ont été obtenus pour les hiéroglyphes égyptiens et les inscriptions orientales. Mais, il ne faut pas se le dissimuler, cette œuvre est bien difficile, car les monuments américains sont rares. Les Indiens, il est vrai, depuis l'Atlantique jusqu'à l'océan Pacifique, et depuis le Canada, ce pays aux *grandes neiges*, jusqu'aux plages embaumées de la Floride, sèment avec assez de profusion leurs pensées symbolysées sur les rochers baignés par les lacs et les fleuves de leurs sublimes déserts, sur les arbres séculaires de ces forêts immenses qui n'ont encore jamais retenti des bruits de la hache civilisatrice du pionnier, et sur les peaux et l'écorce du bouleau, ce papyrus de l'Amérique du Nord; — les Peaux-Rouges, que l'on méprise et que l'on abrutit pour les anéantir, laissent ainsi des traces profondes de leur passage dans les solitudes, des marques de leur piété envers le Créateur, de leurs exploits dans les combats, de leurs souvenirs historiques, de leurs poétiques aspirations et de leurs mystérieuses croyances; mais ces inscriptions sont courtes, simples, ignorées comme l'existence de ceux qui les ont tracées...; puis, les rochers se couvrent de mousse ou de limon; la pluie, les torrents et les tempêtes usent la pierre; les arbres meurent, pourrissent, tombent en poussière, et c'est ainsi que s'effacent peu à peu ces vestiges de l'art idéographique d'un peuple encore dans l'enfance, qui s'éteint avant sa virilité...

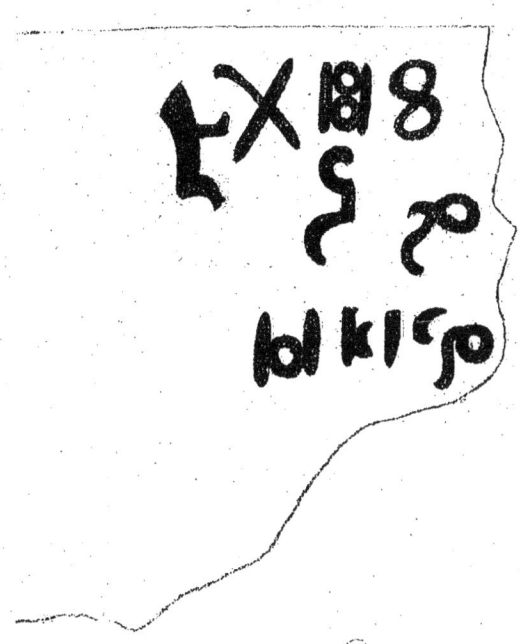

Imp. Lemercier, Paris

2.

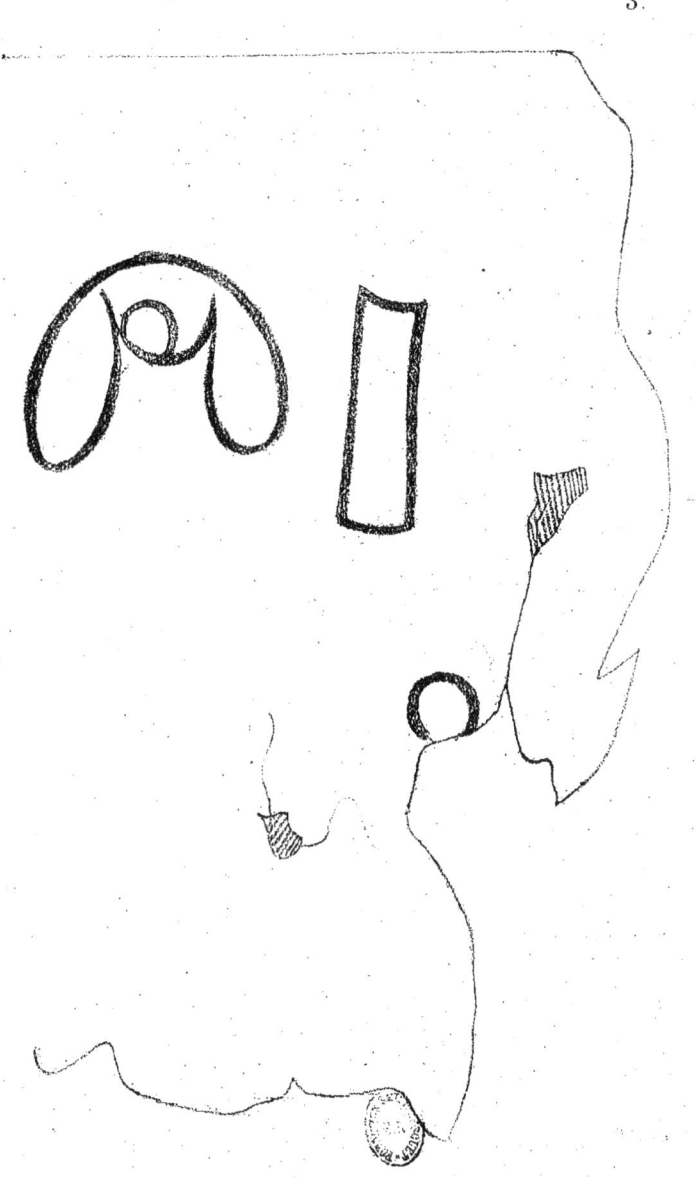

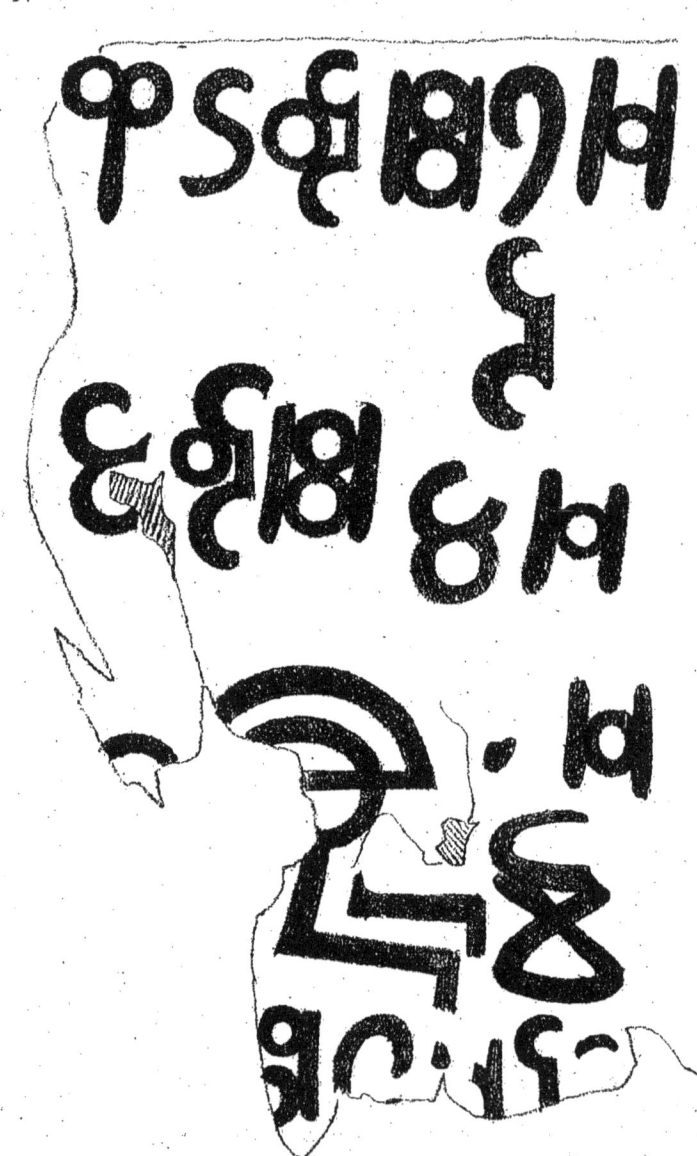

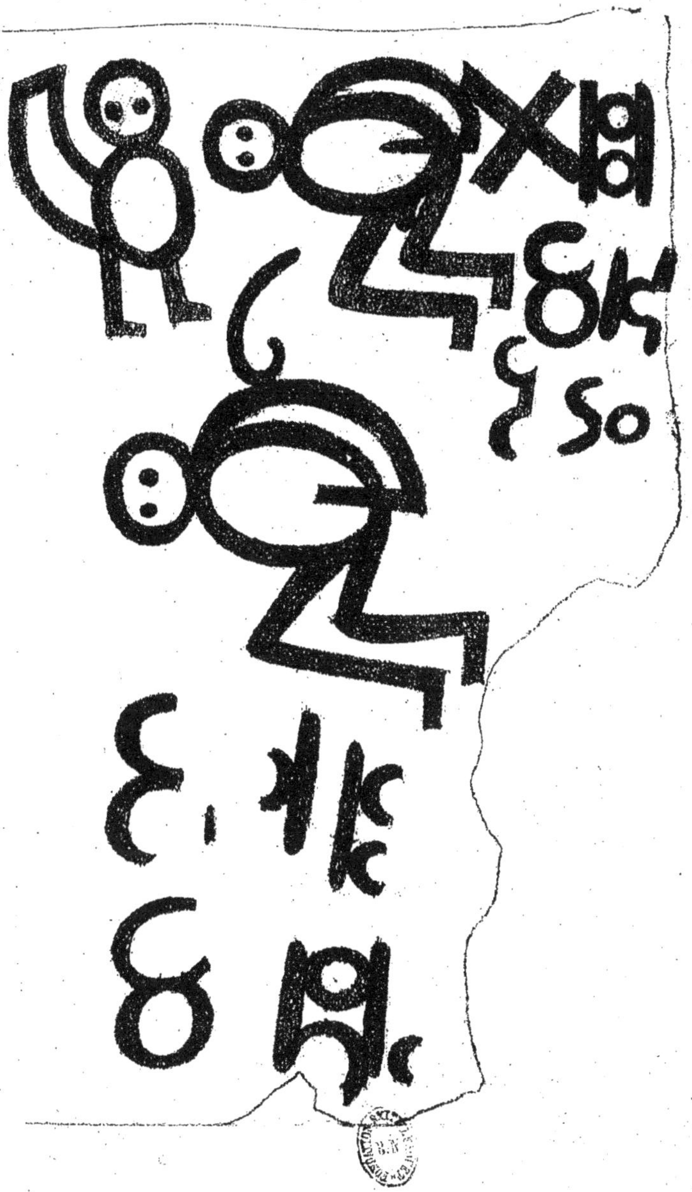

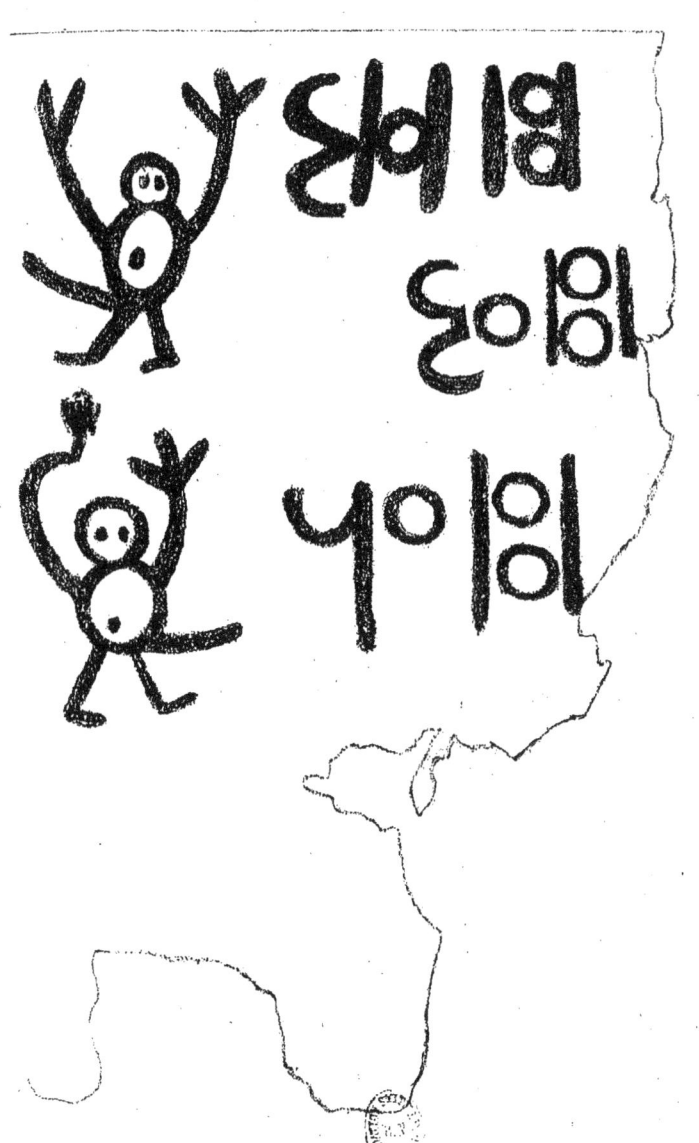

.8

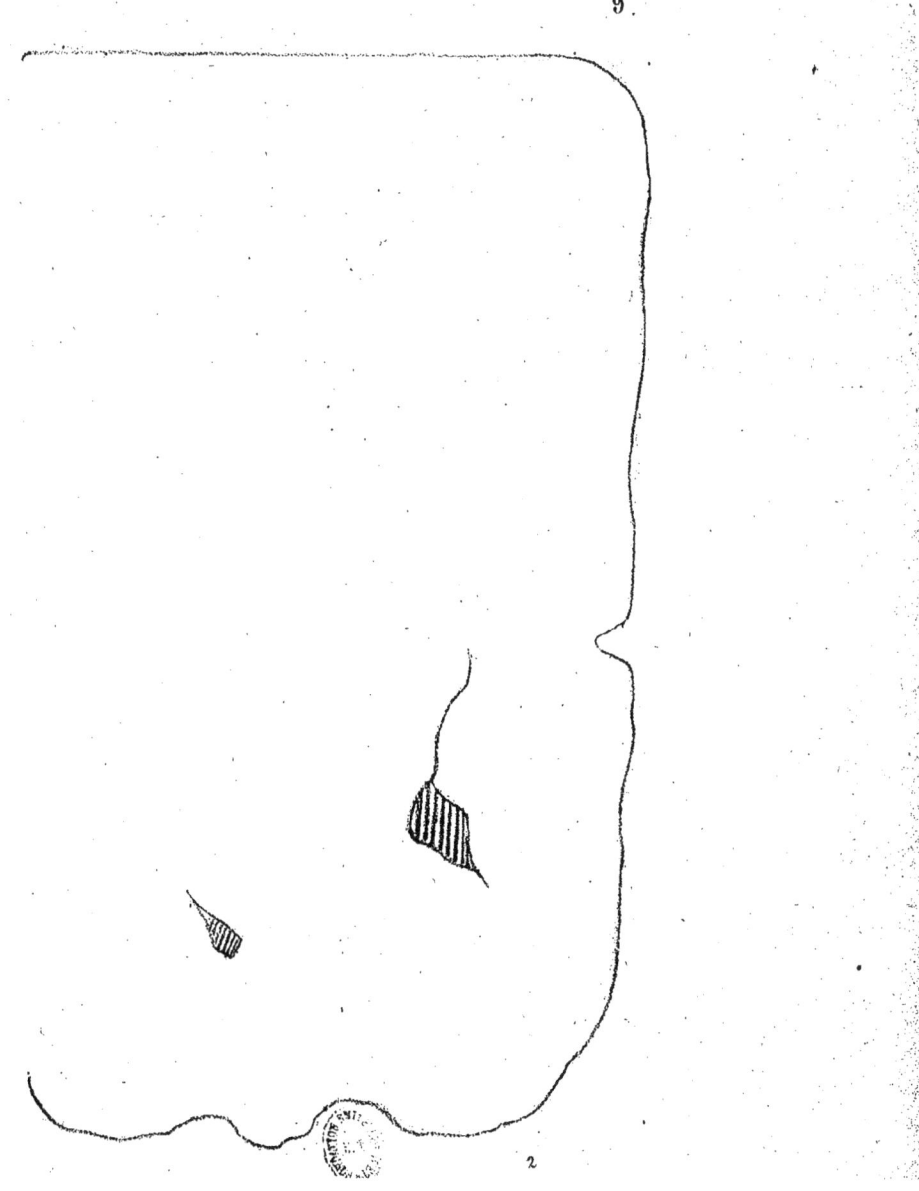

10.

11.

13

14

15.

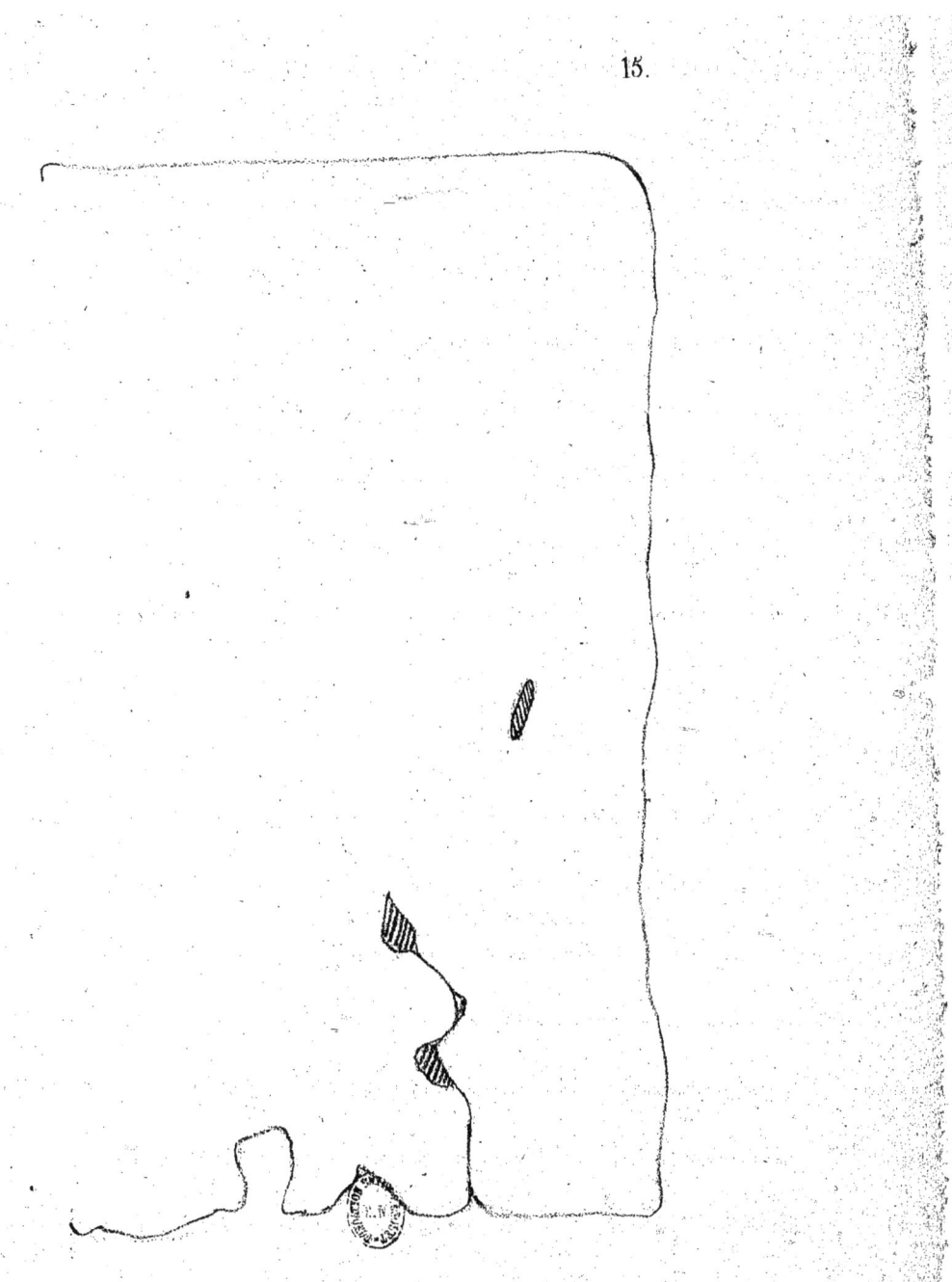

19

20

22

23

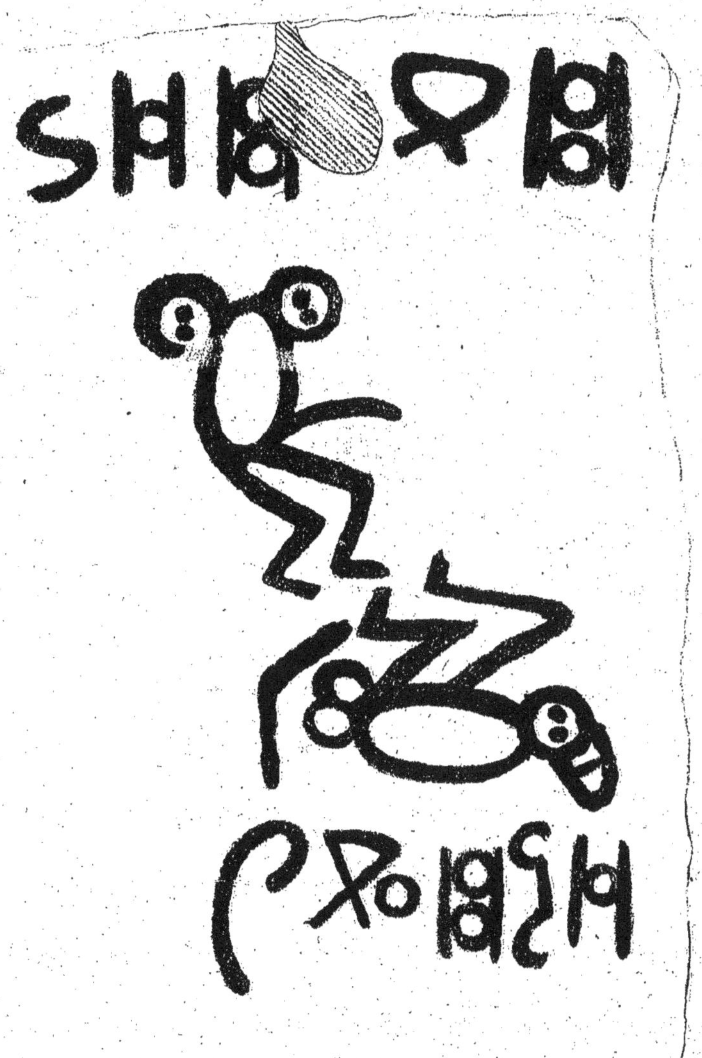

26.

27.

28

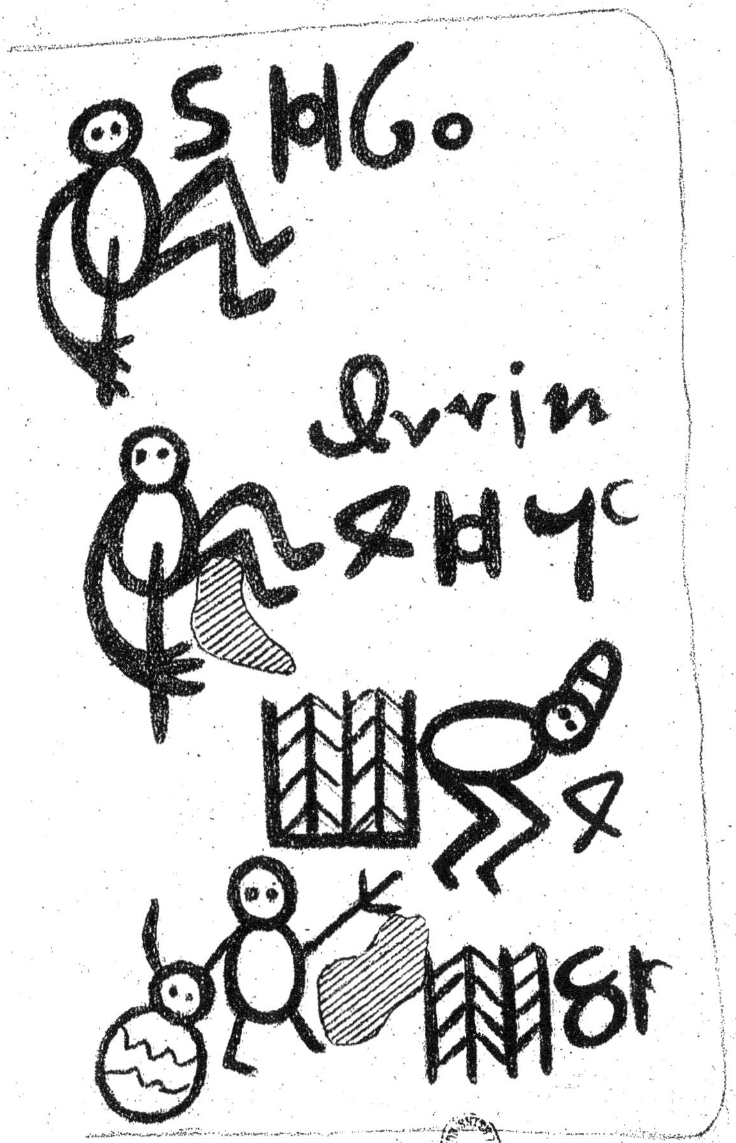

36.

8/9

4/11

6/80

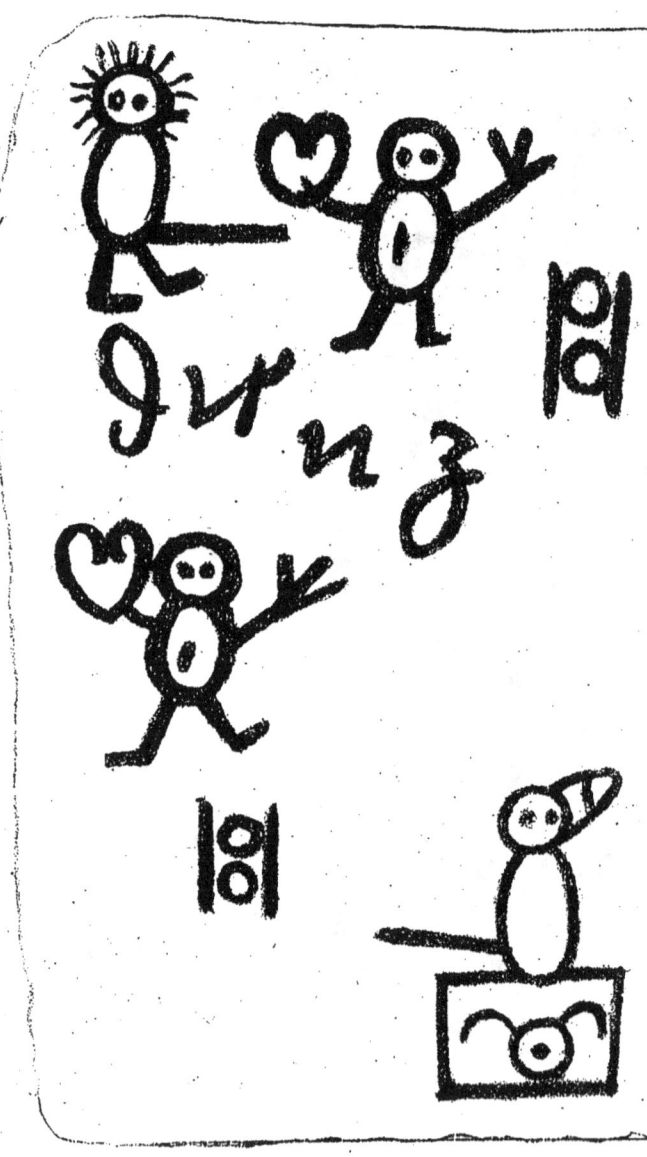

40

42

44

46

47

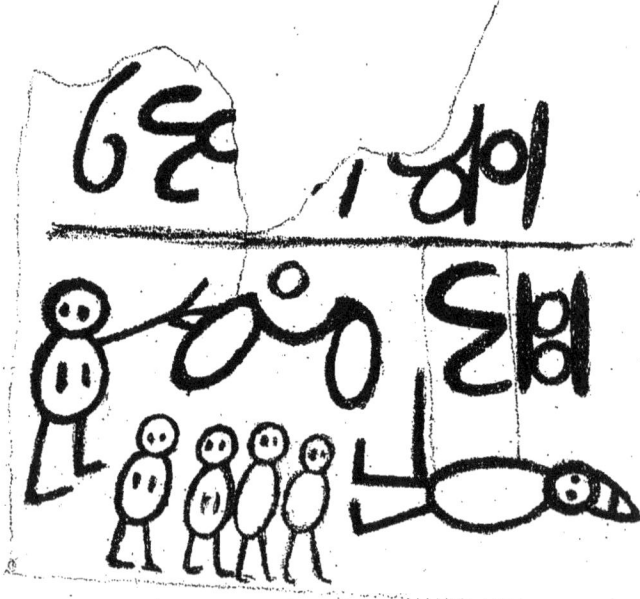

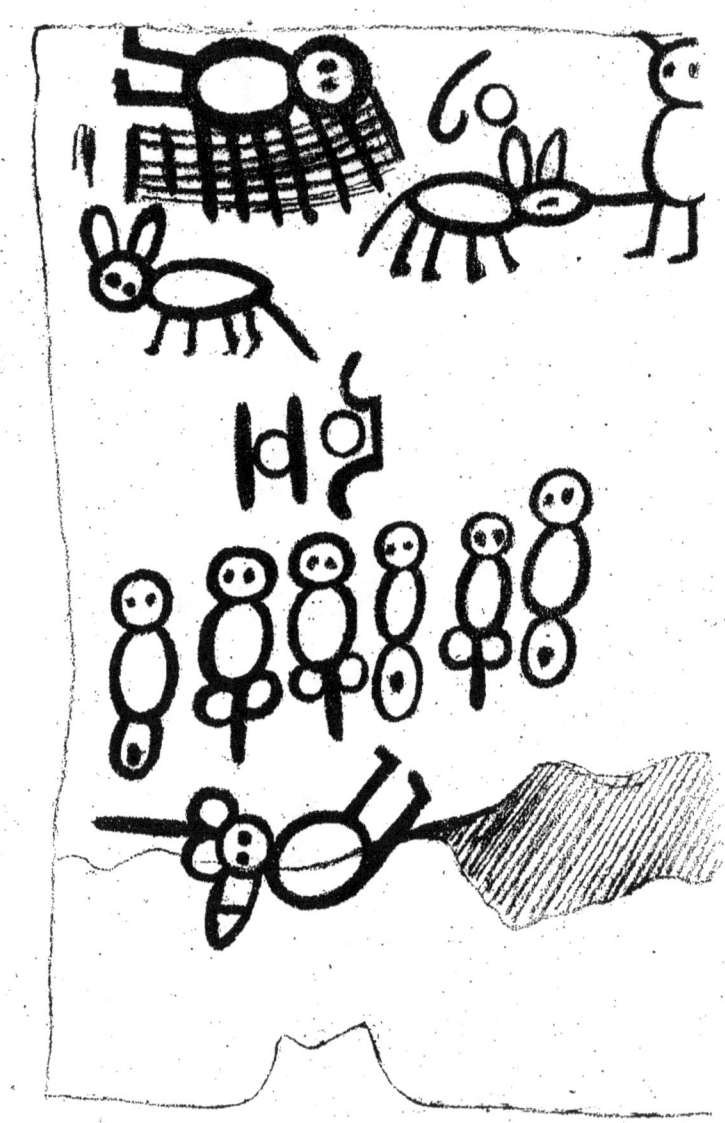

54.

grün

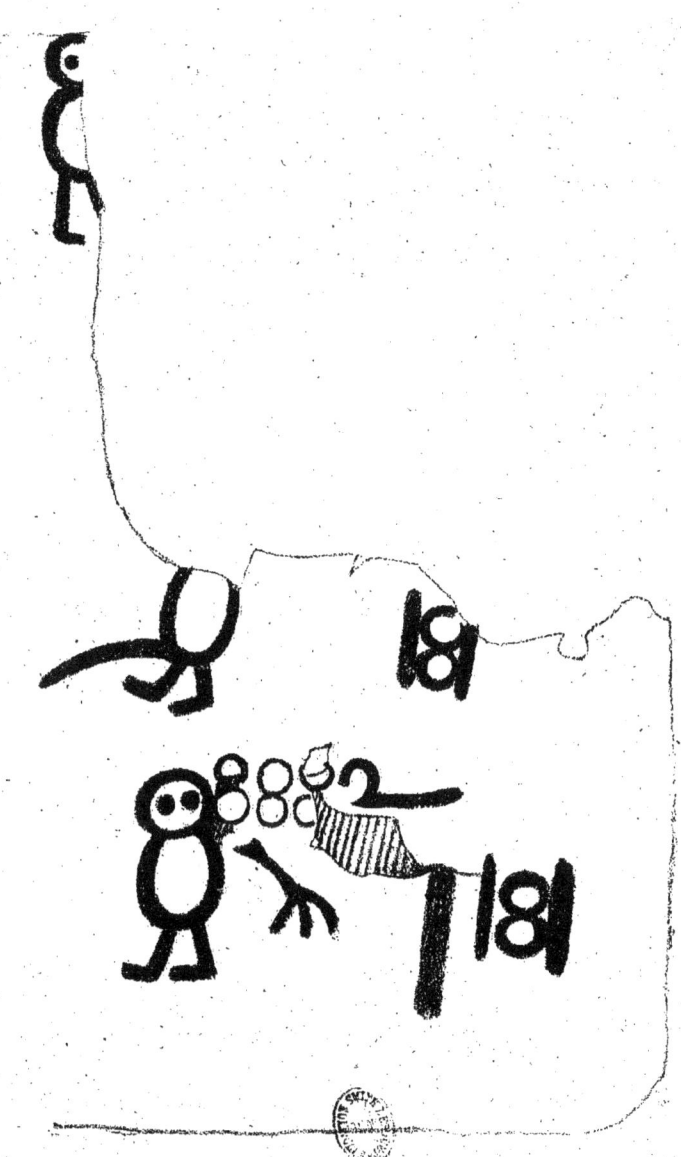

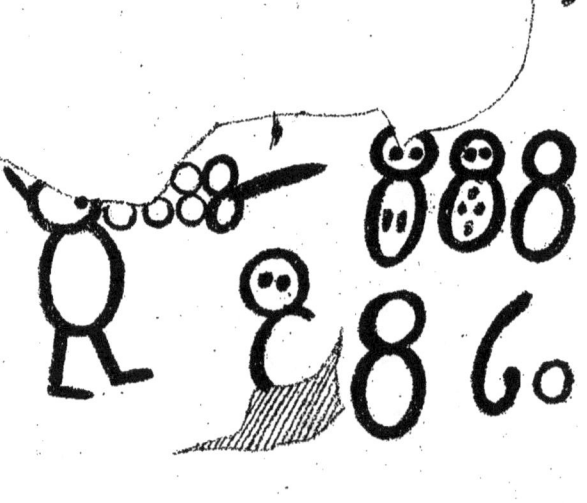

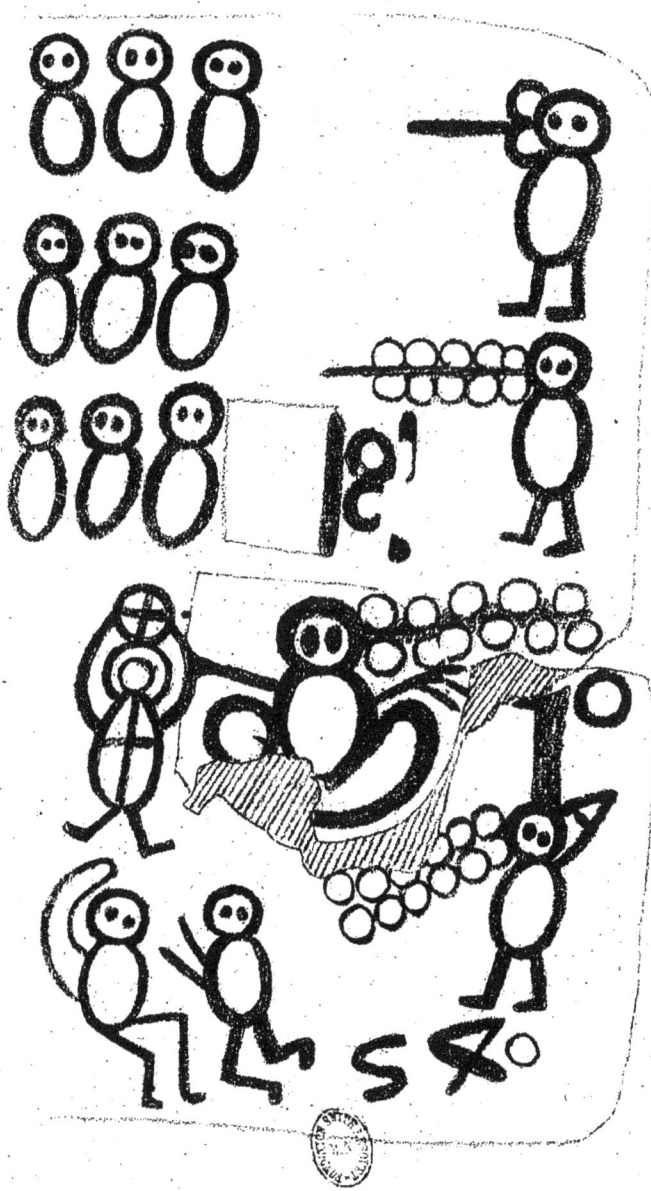

64

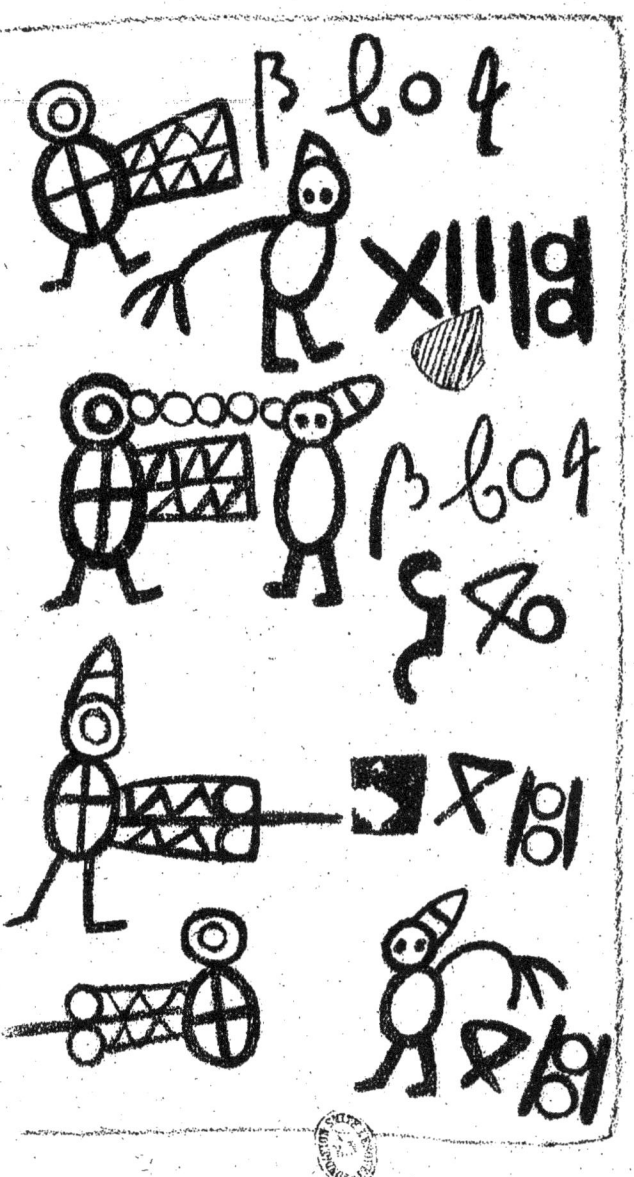

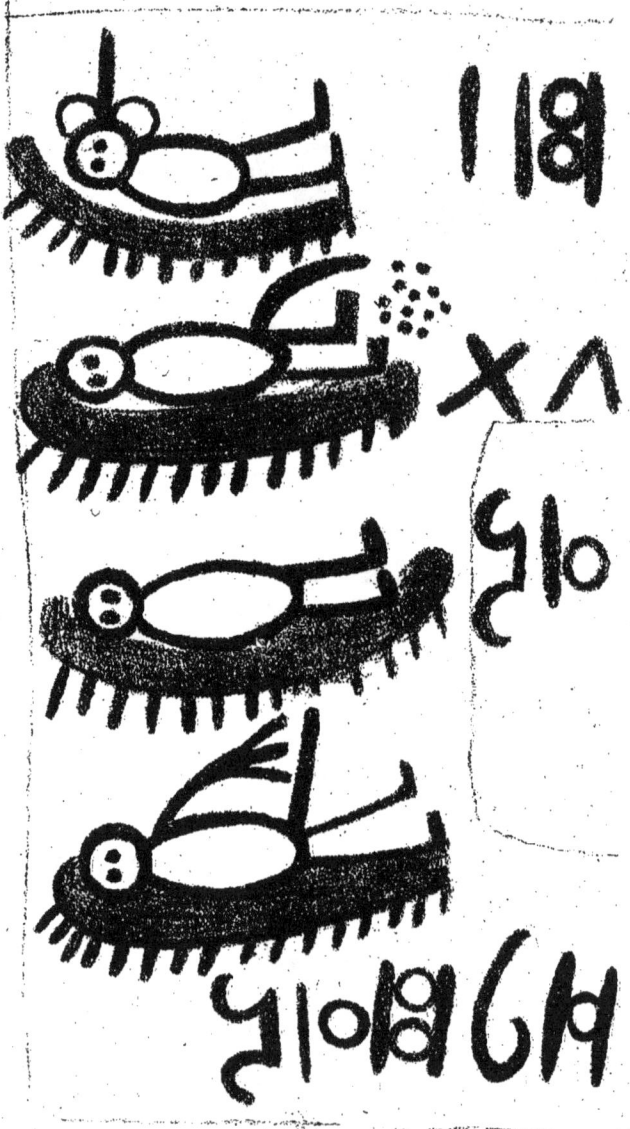

77.

80.

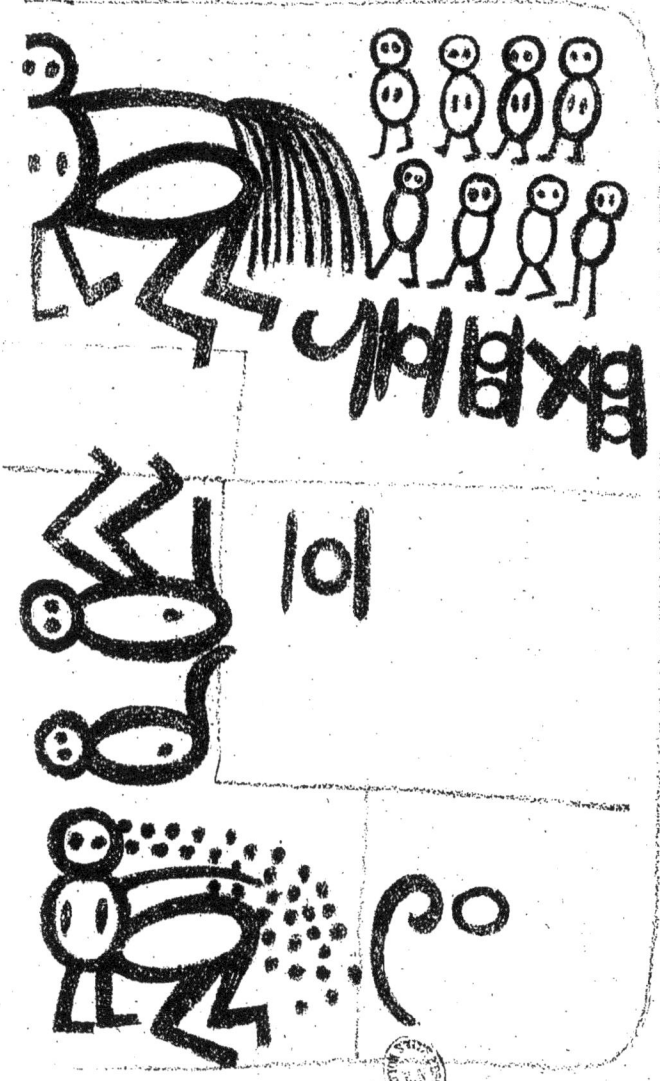

84.

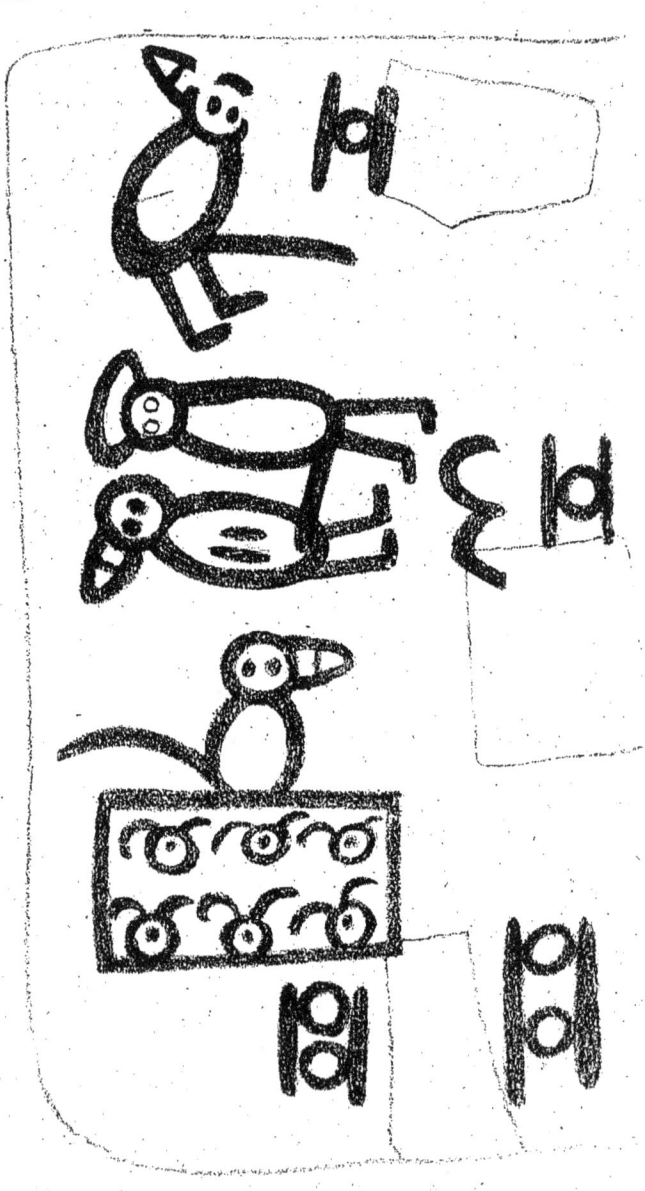

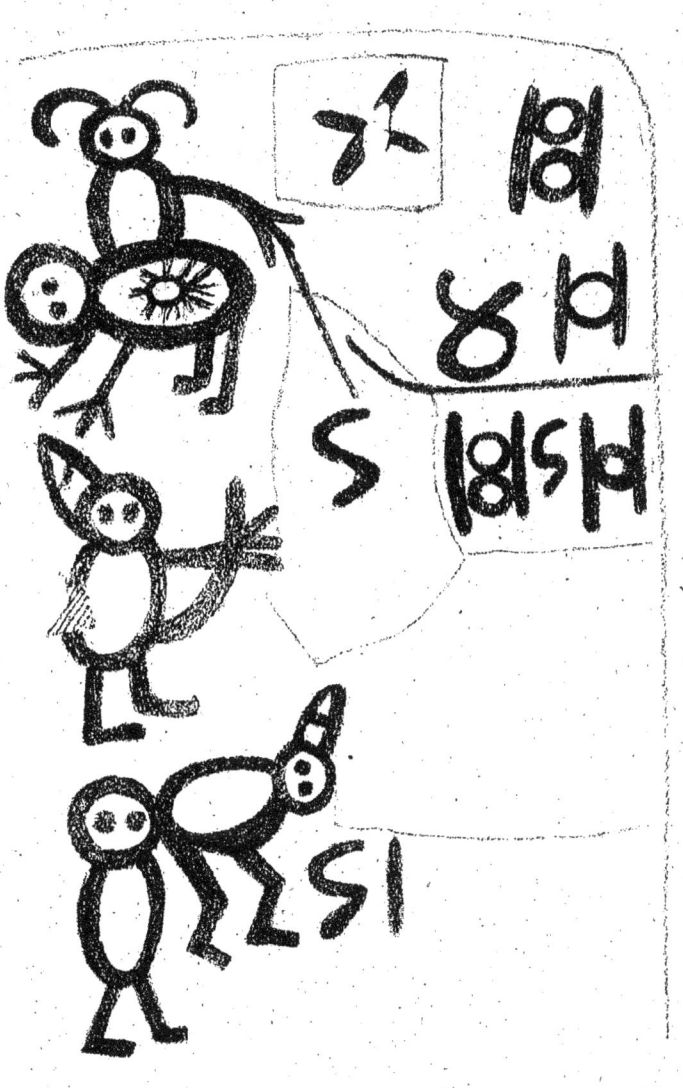

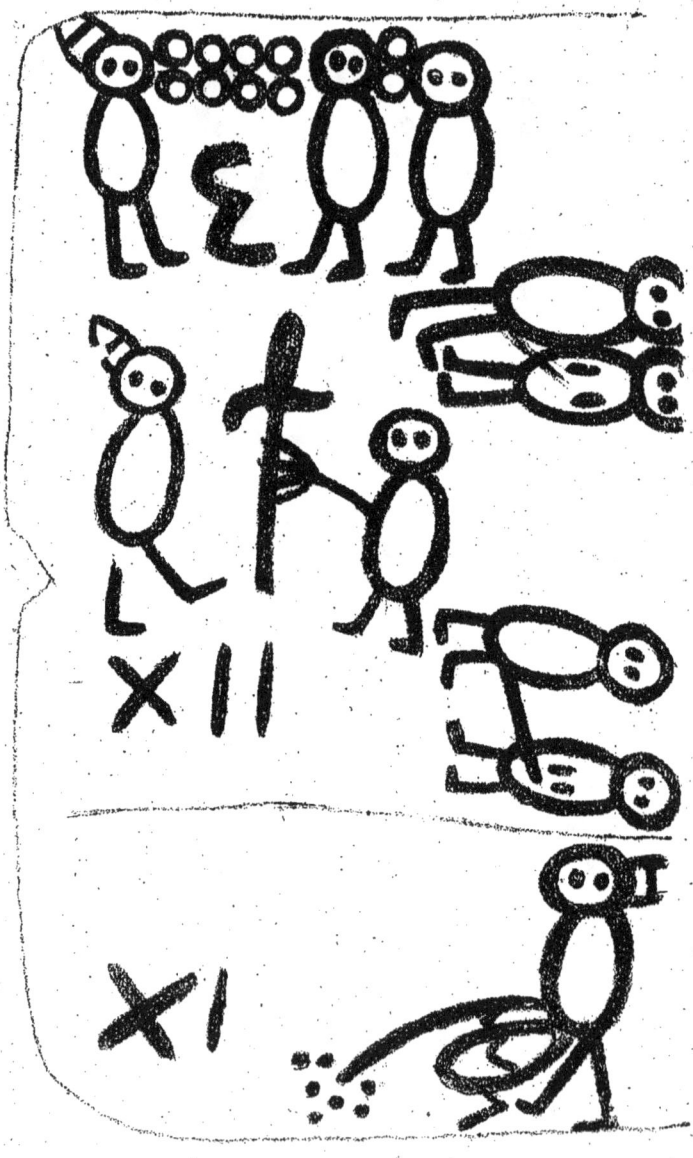

×5

will
6o

wil
6o

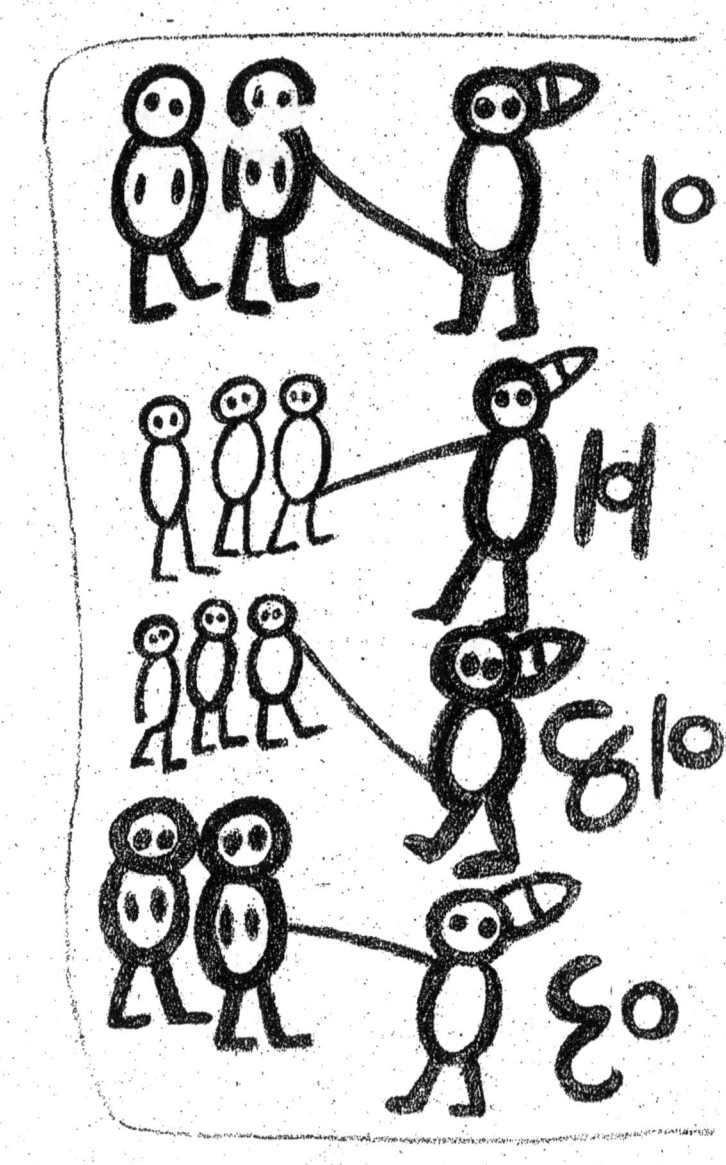

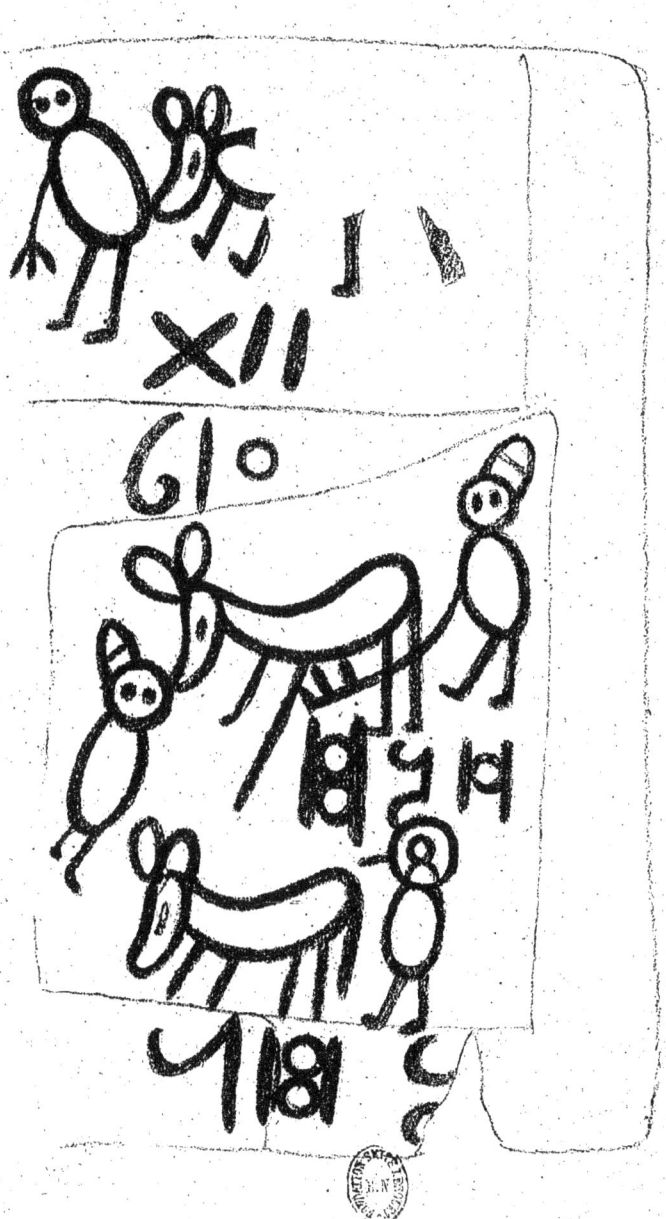

94

96

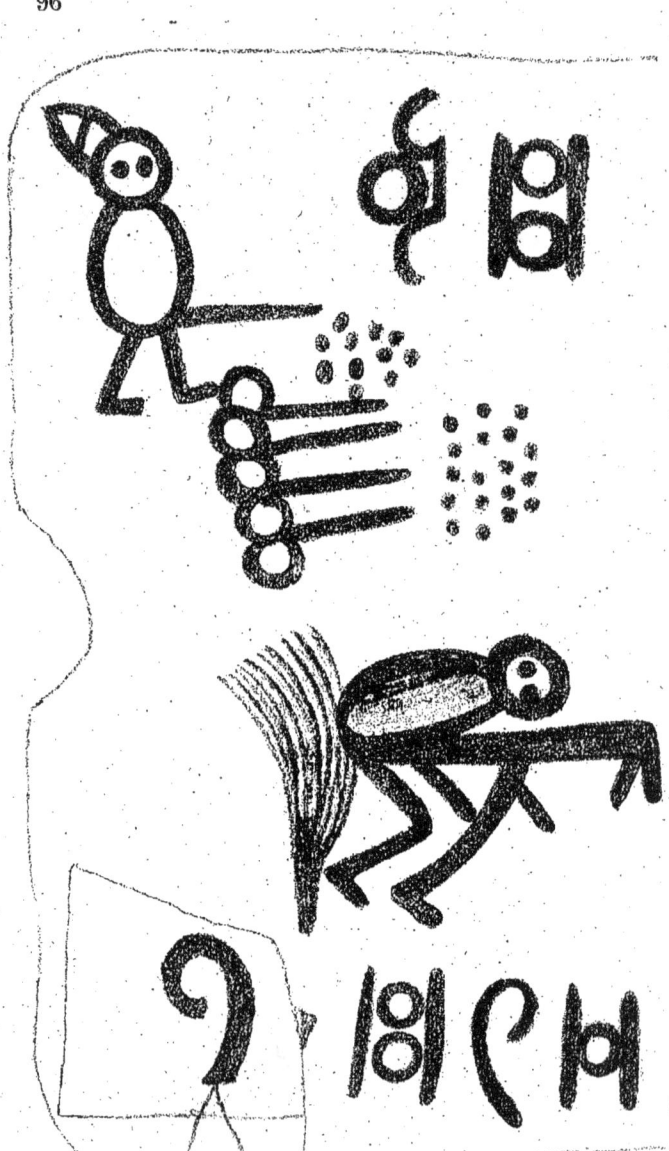

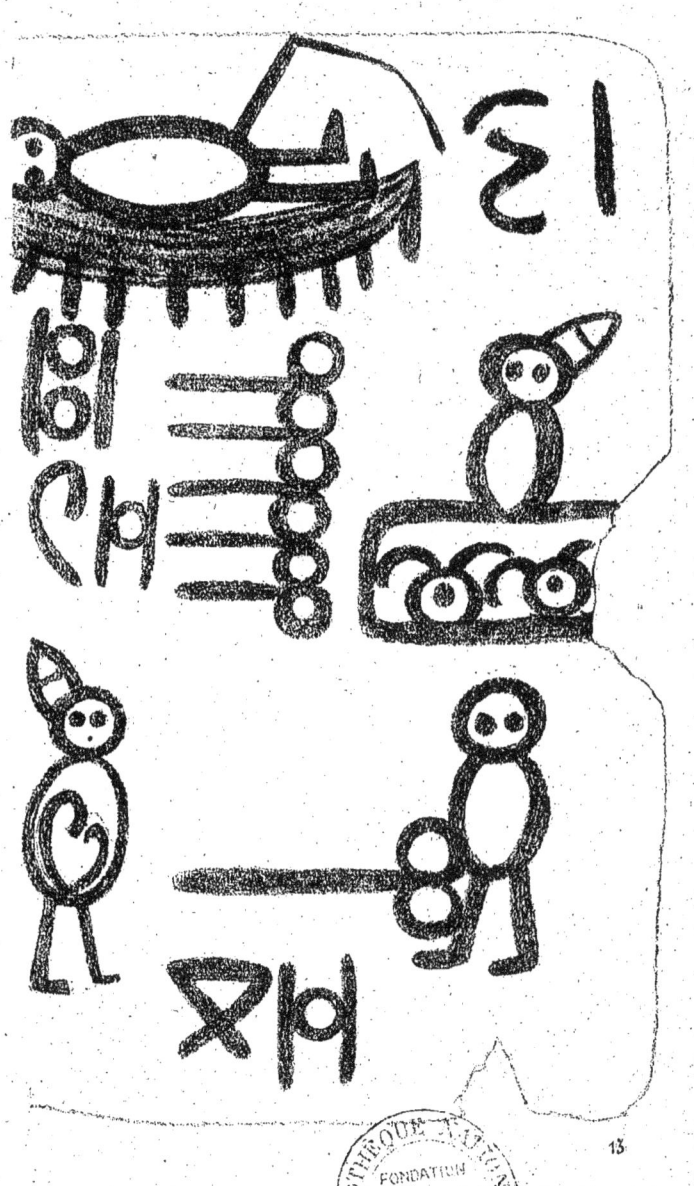

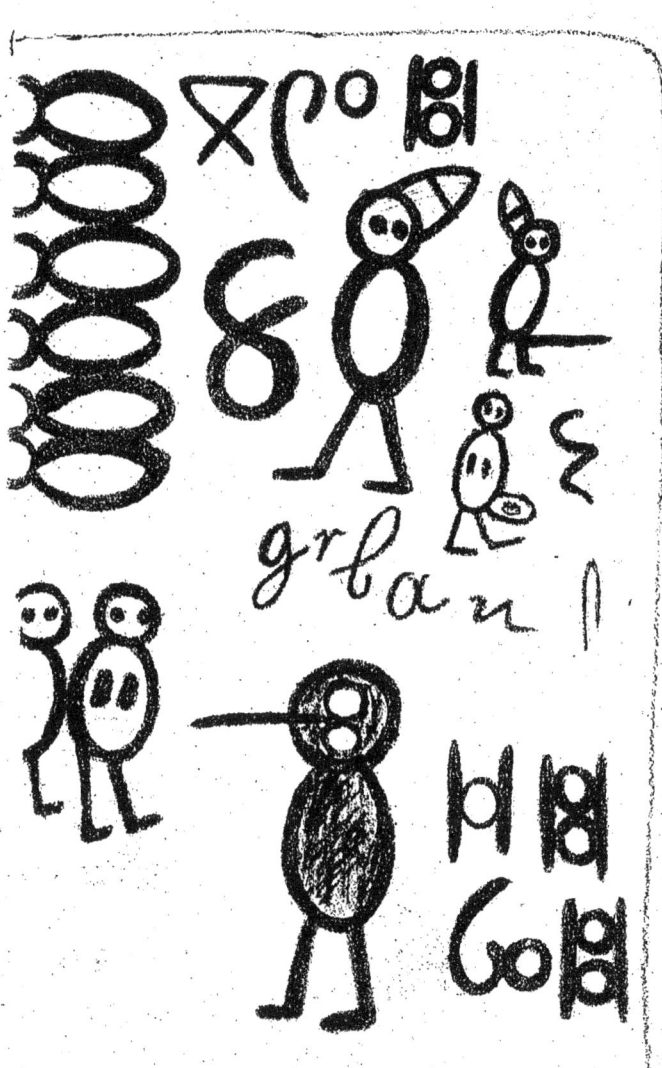

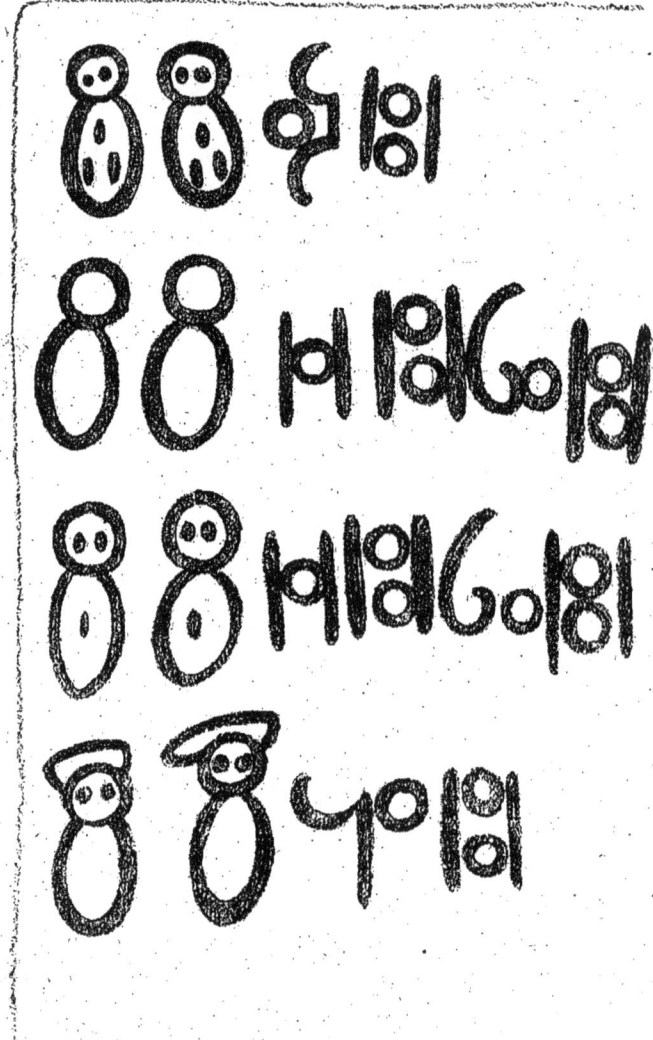

101

102.

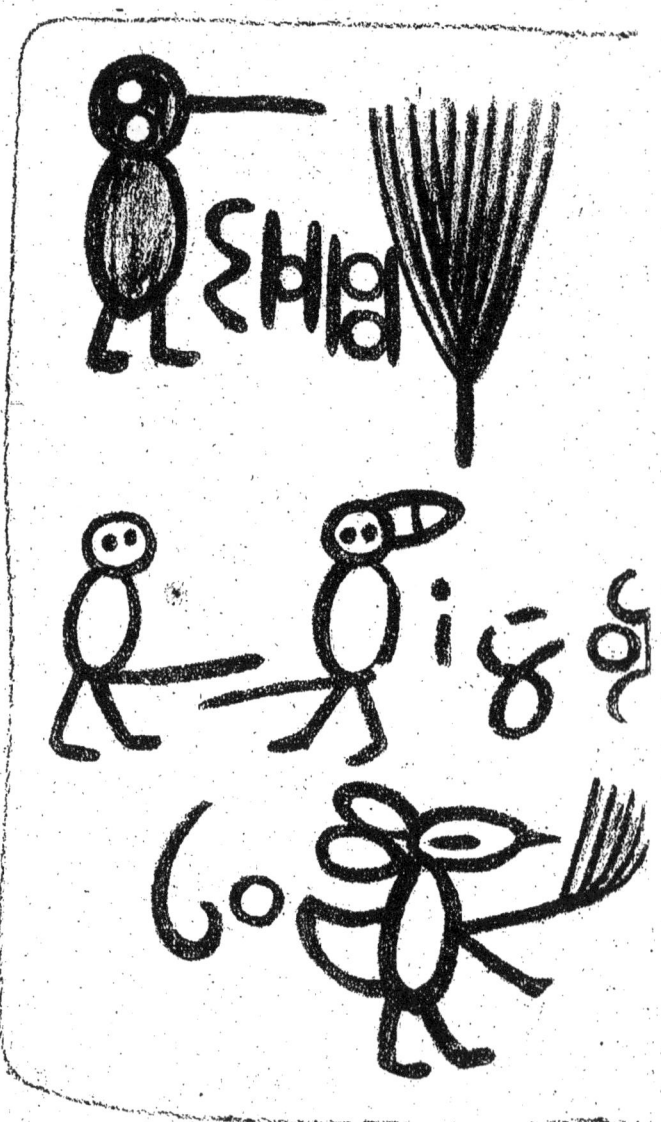

104

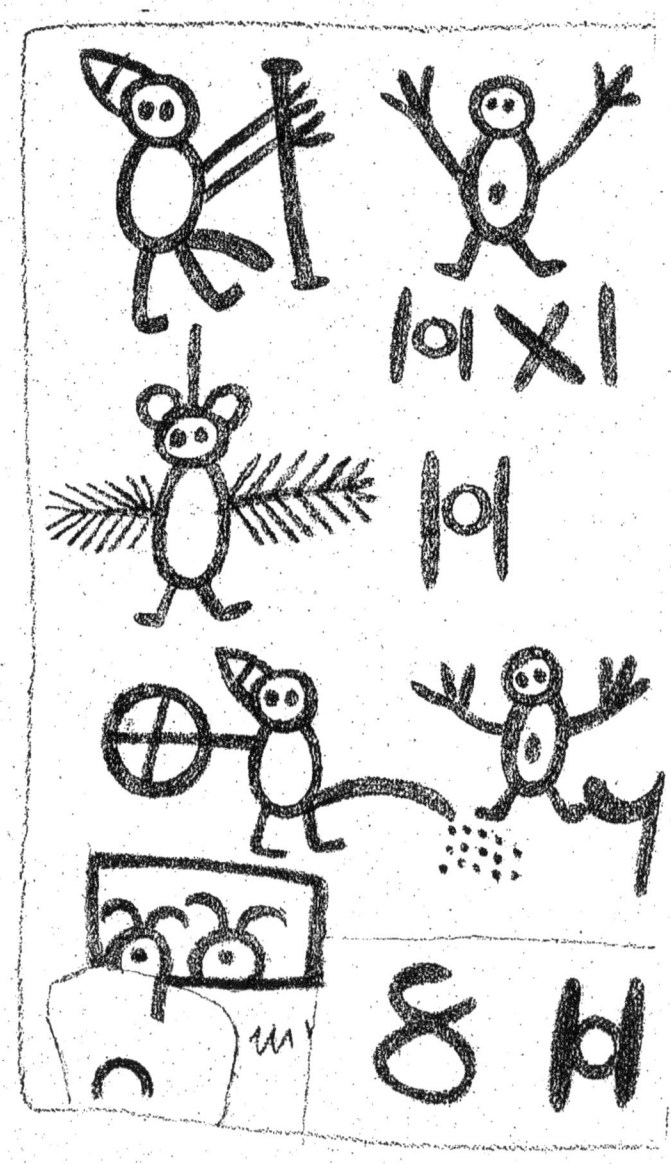

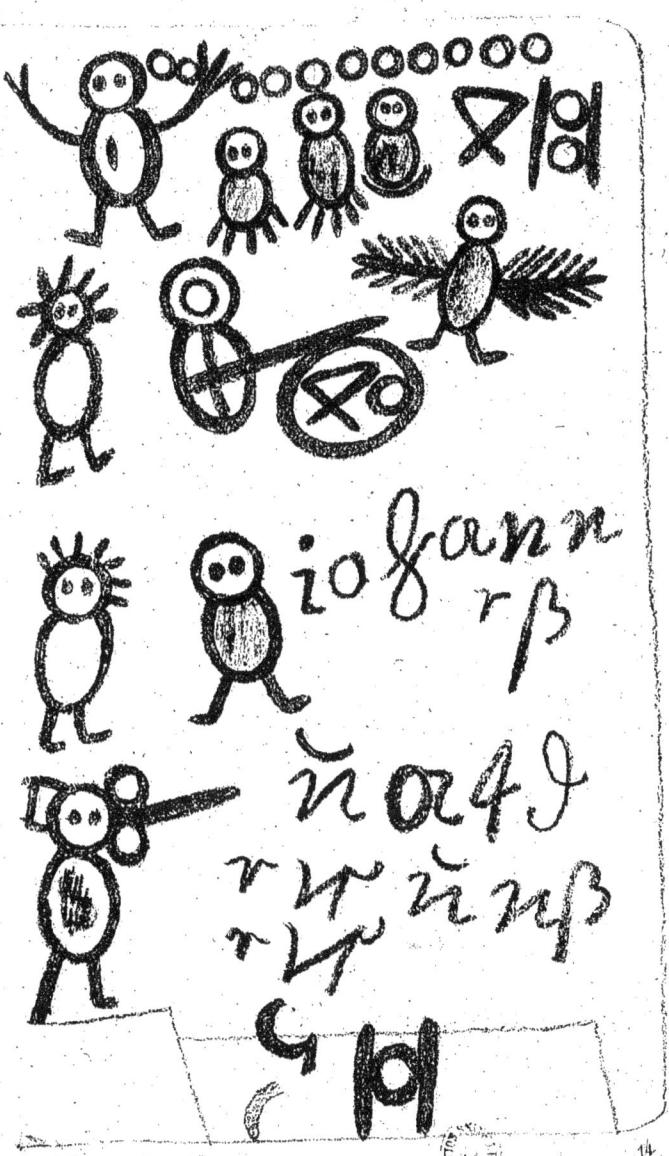

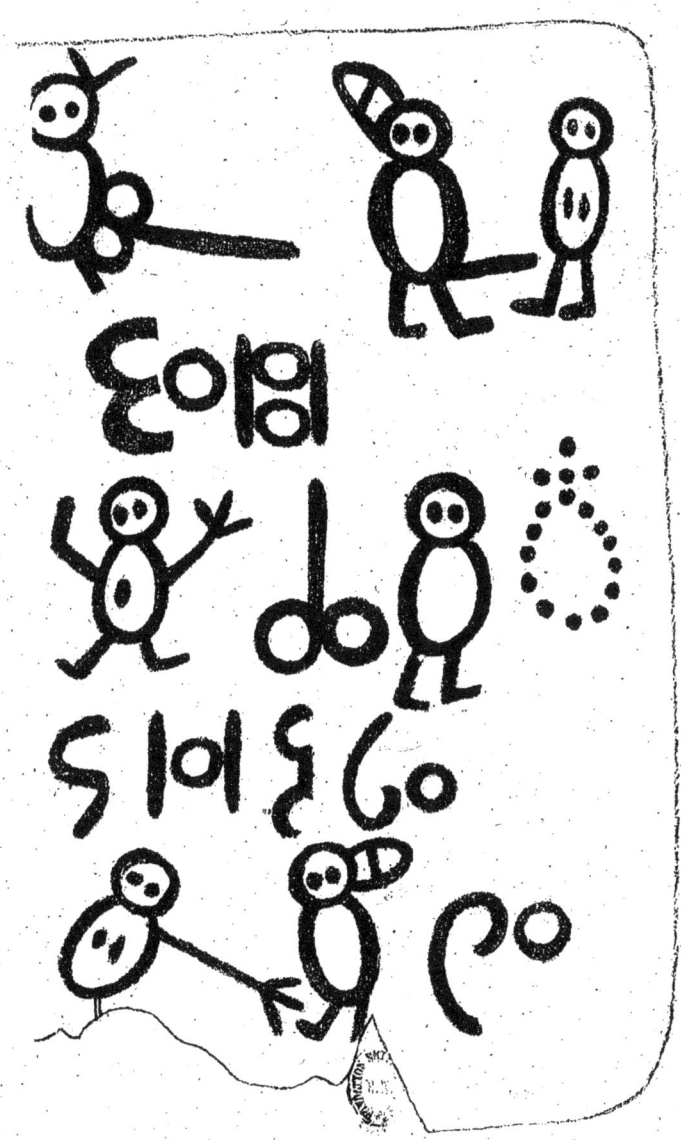

108

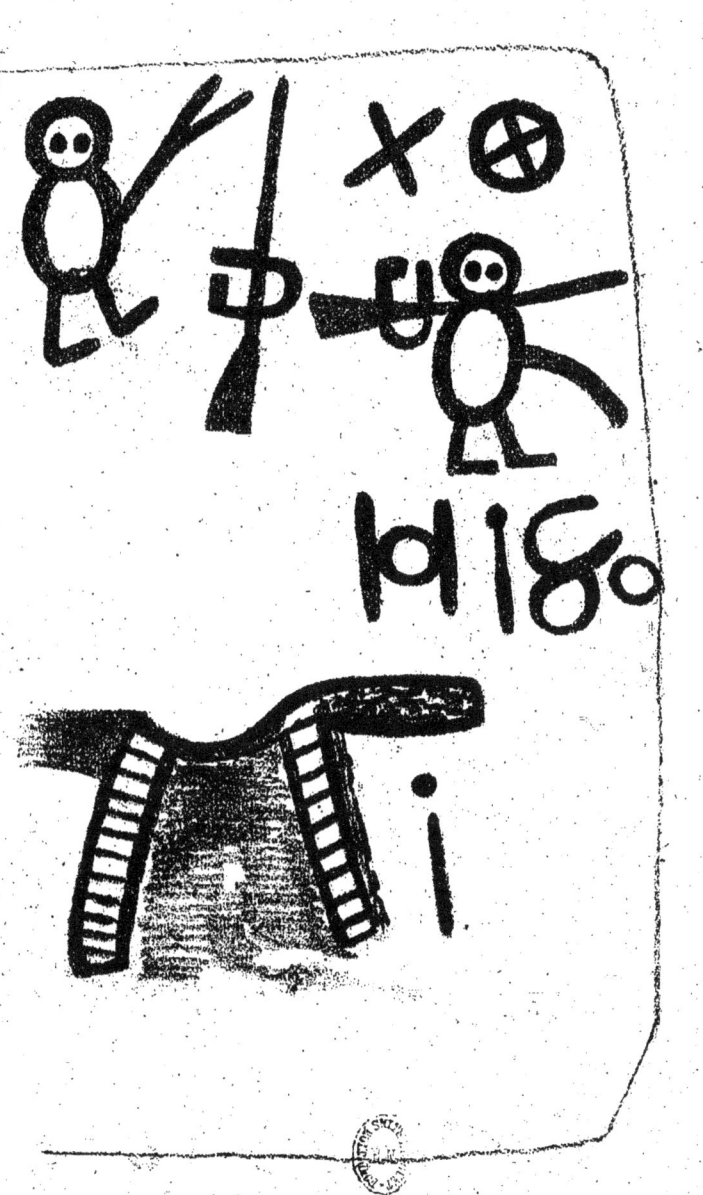

117.

120.

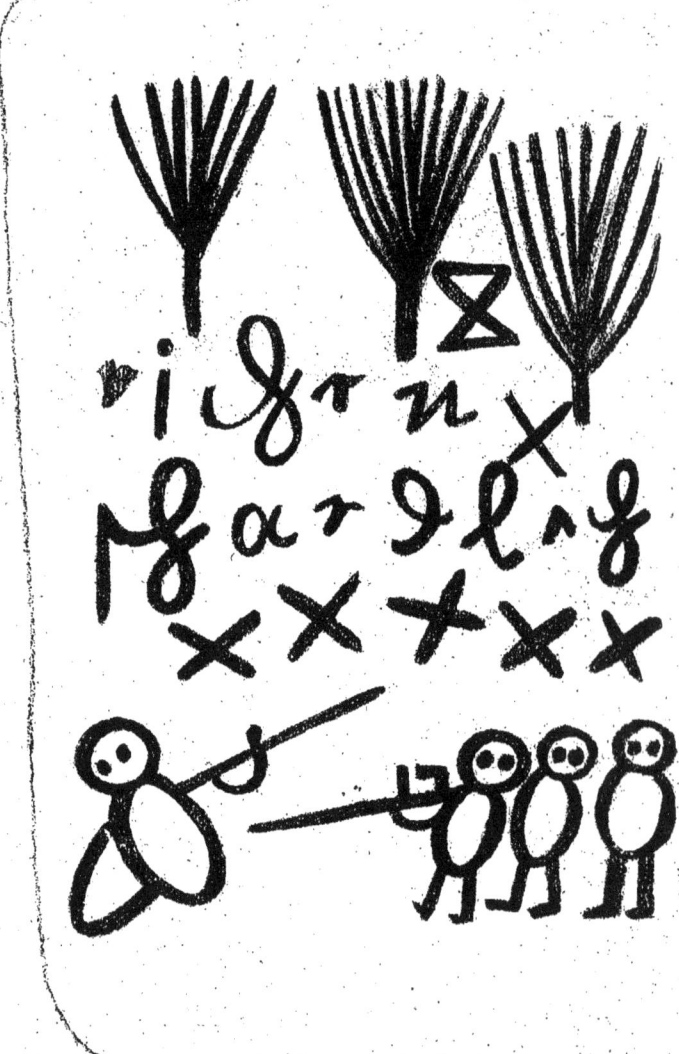

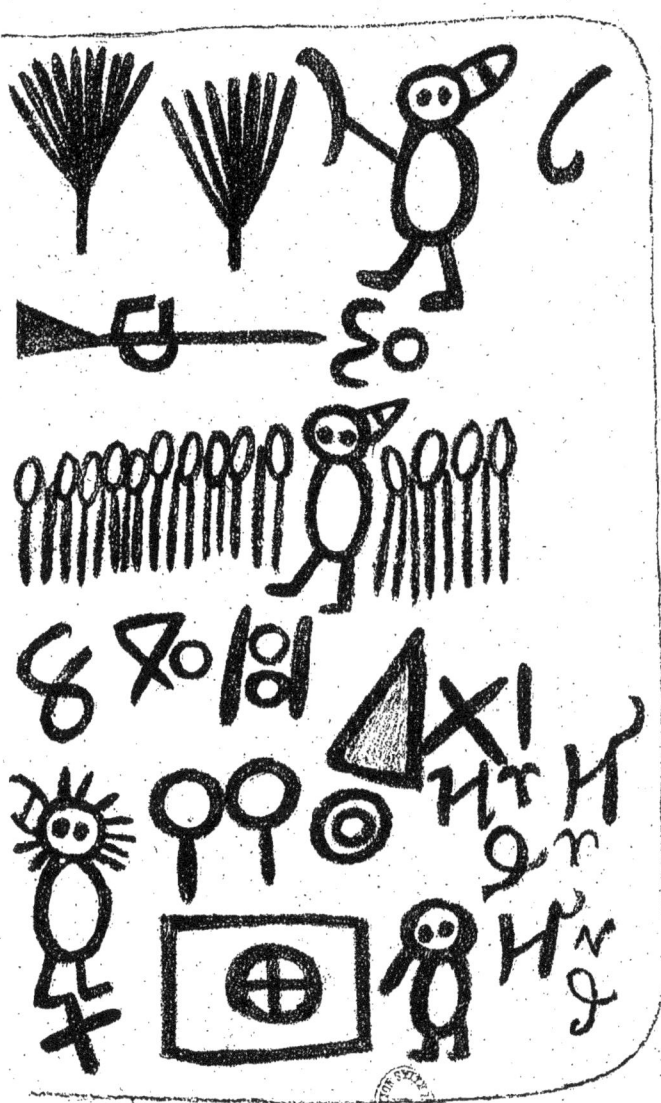

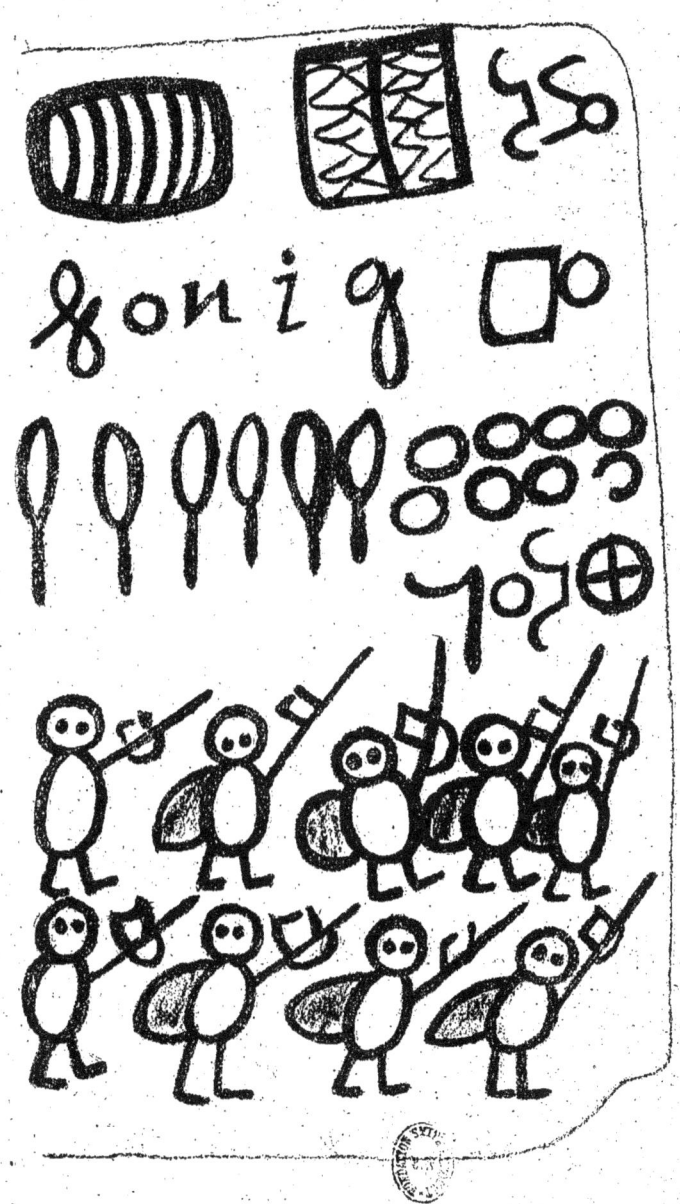

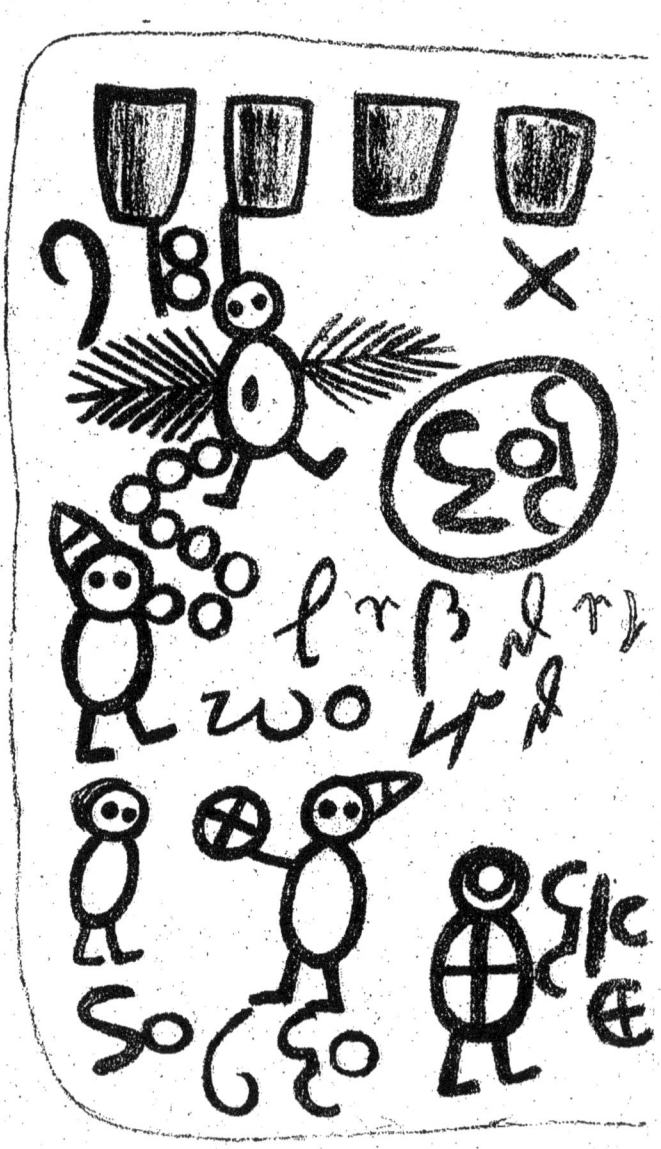

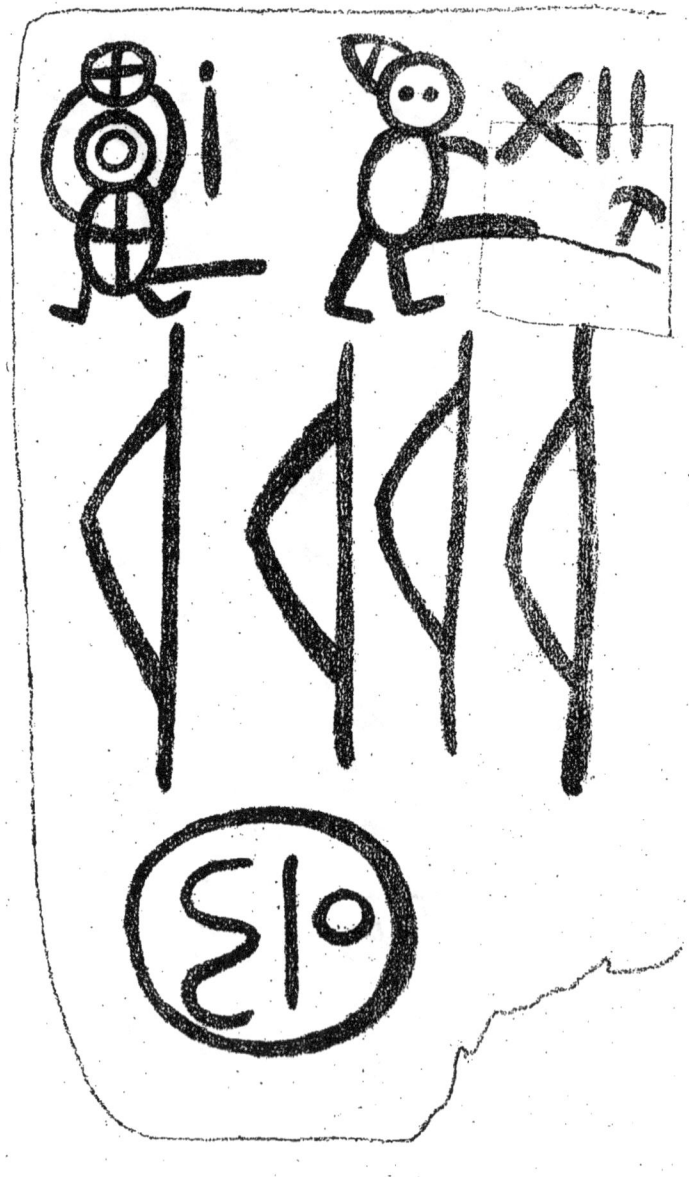

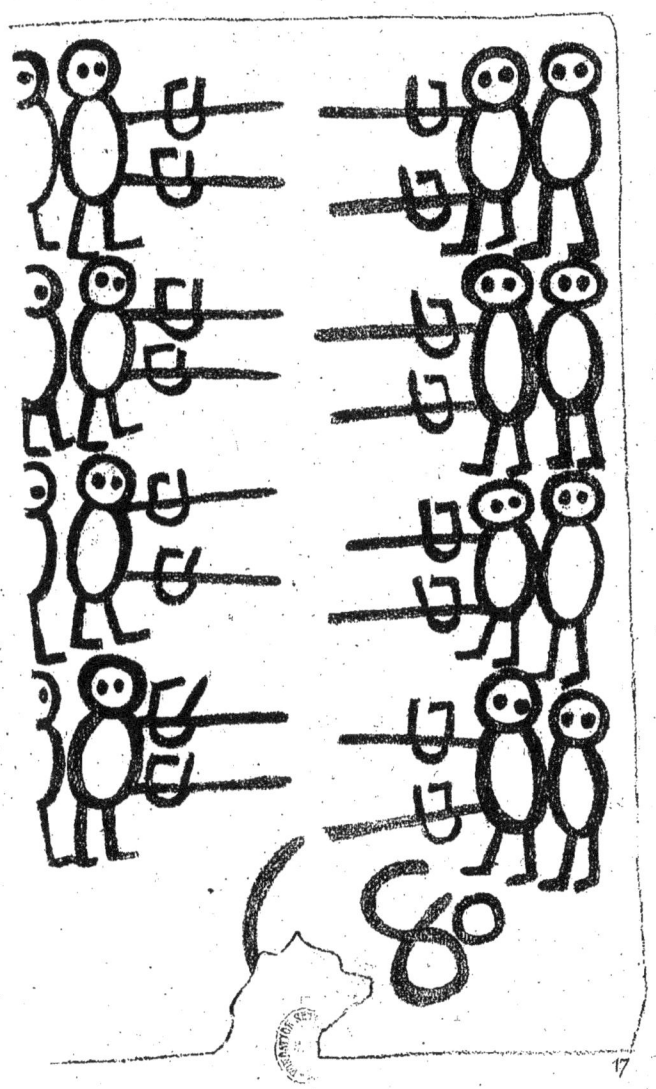

131

132

134

135

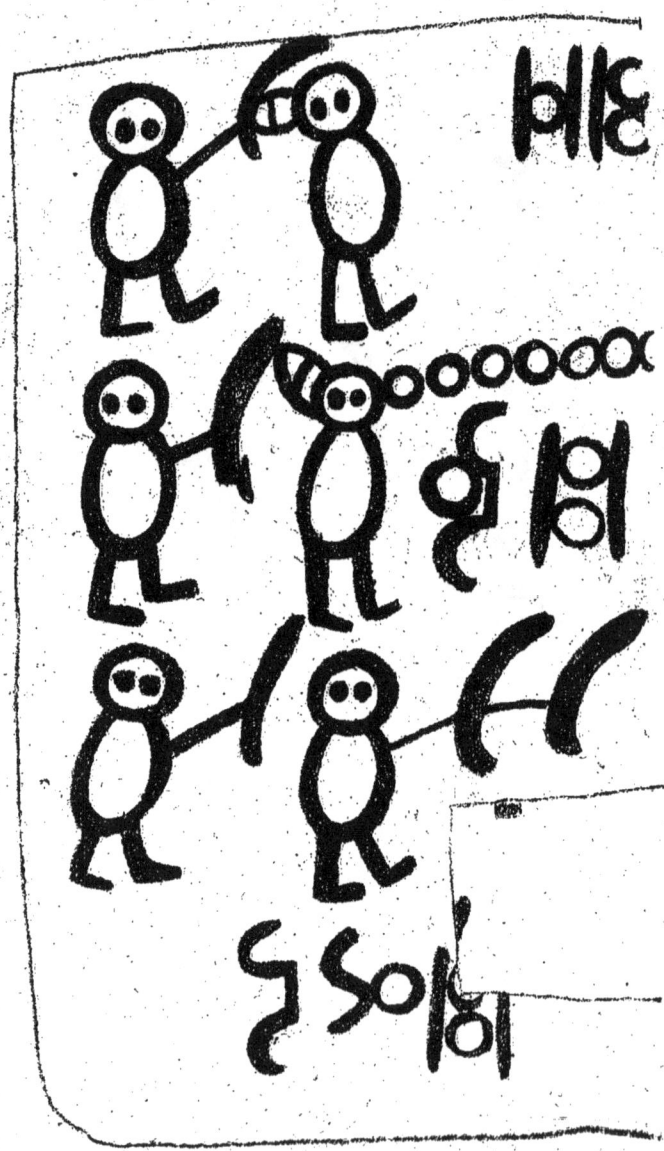

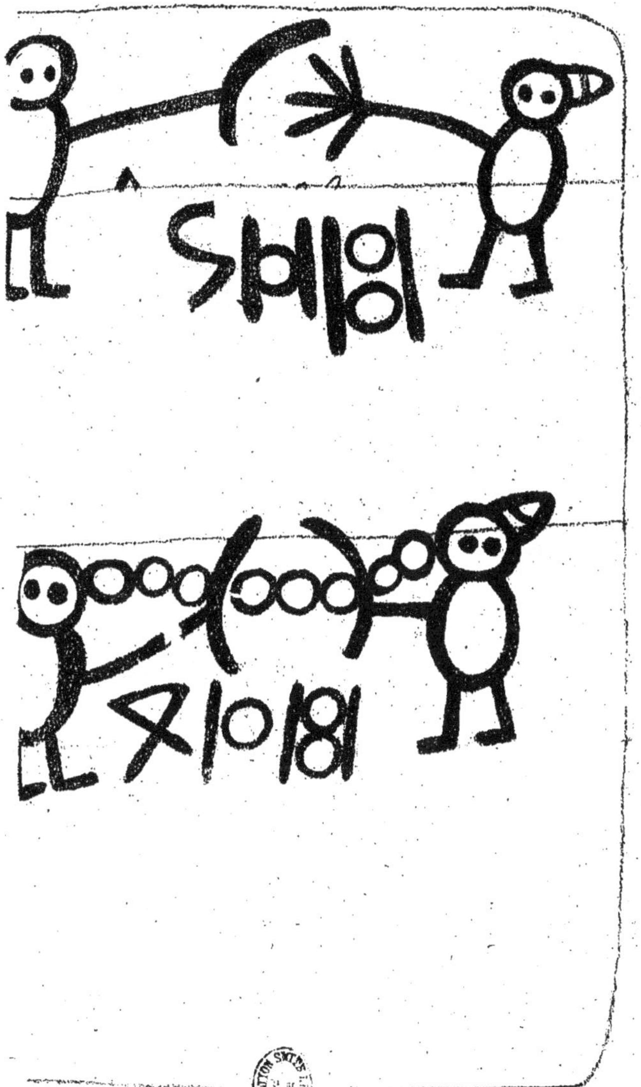

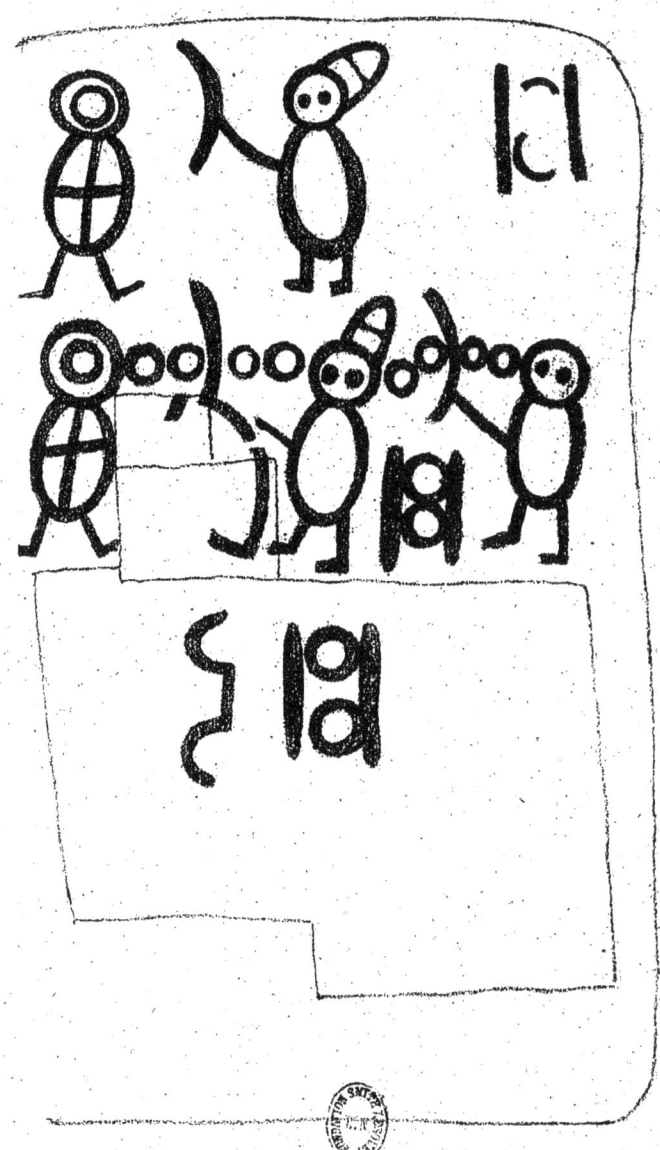

141

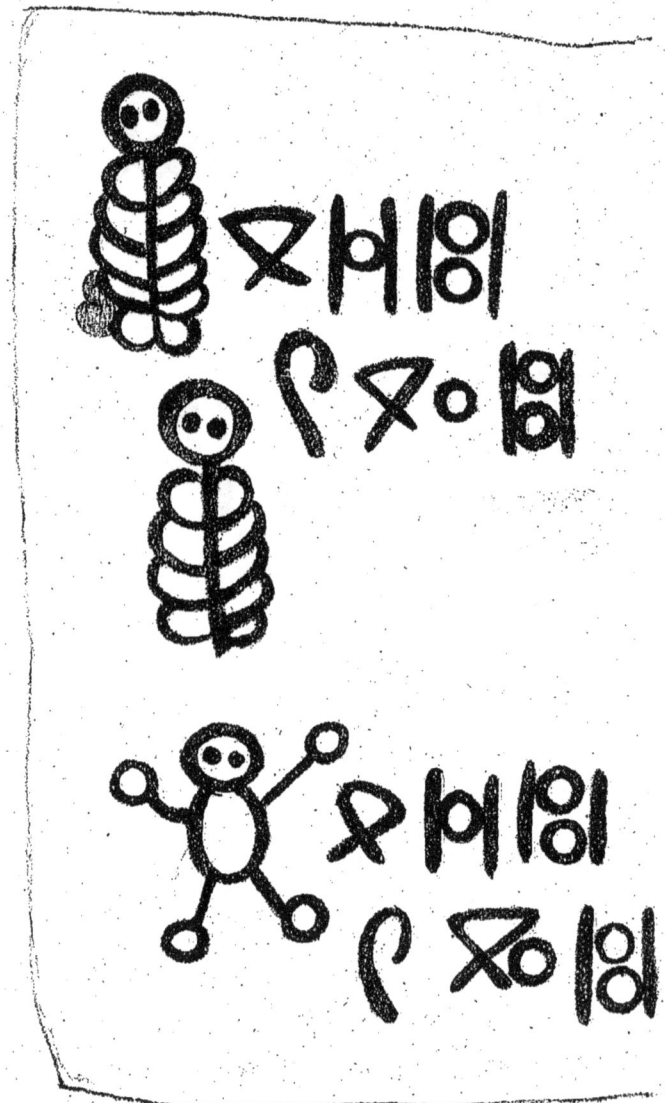

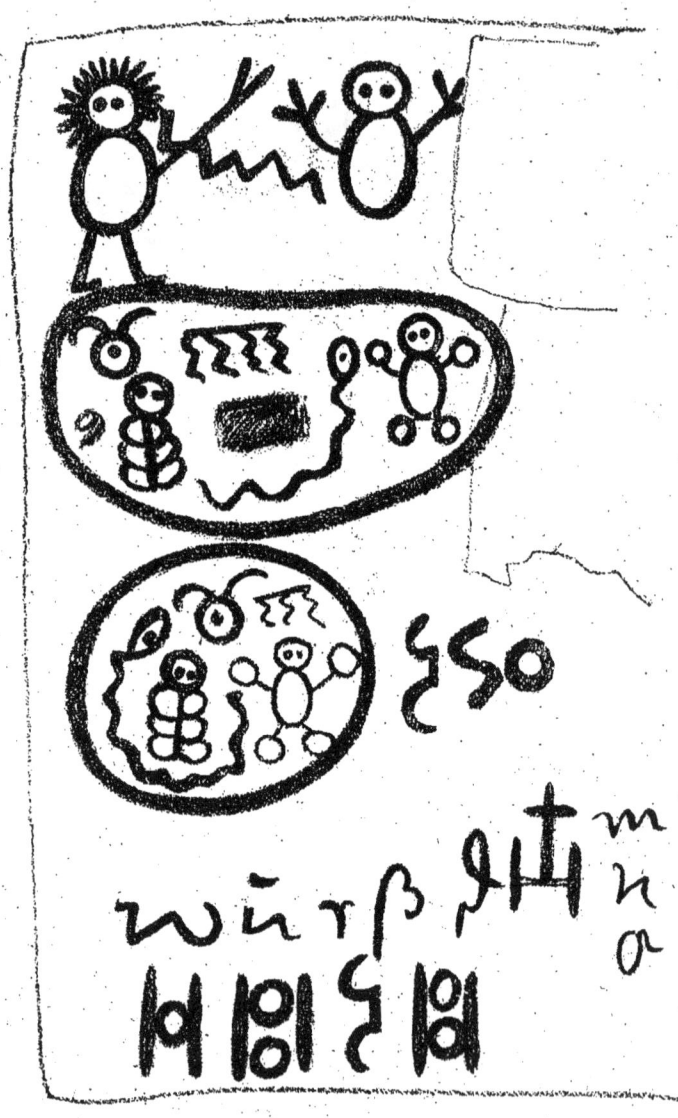

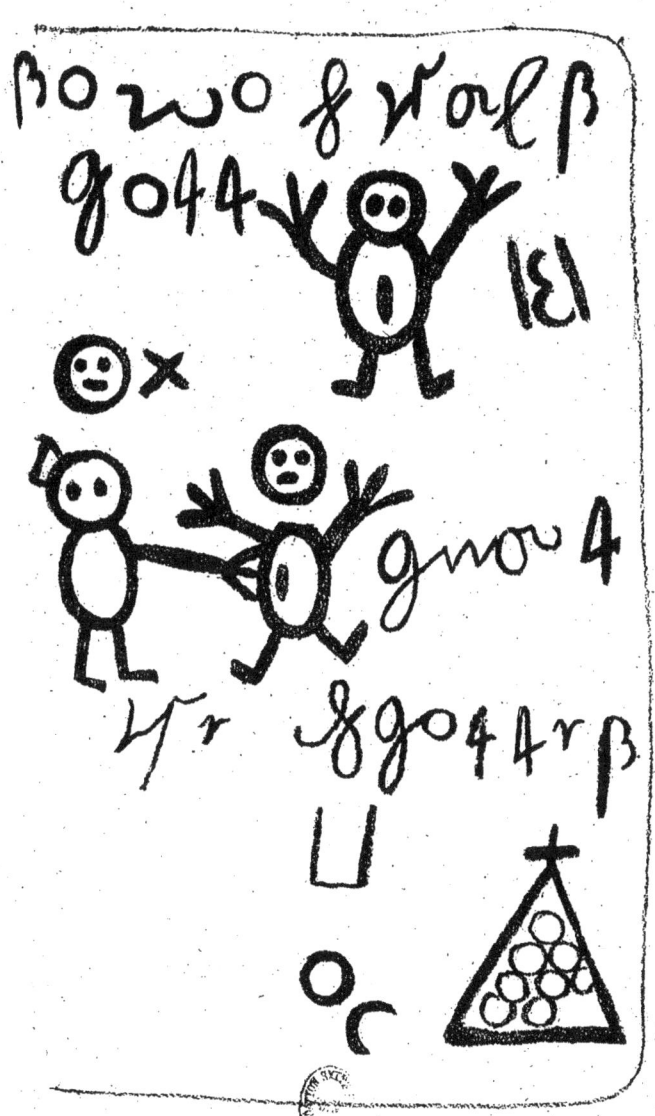

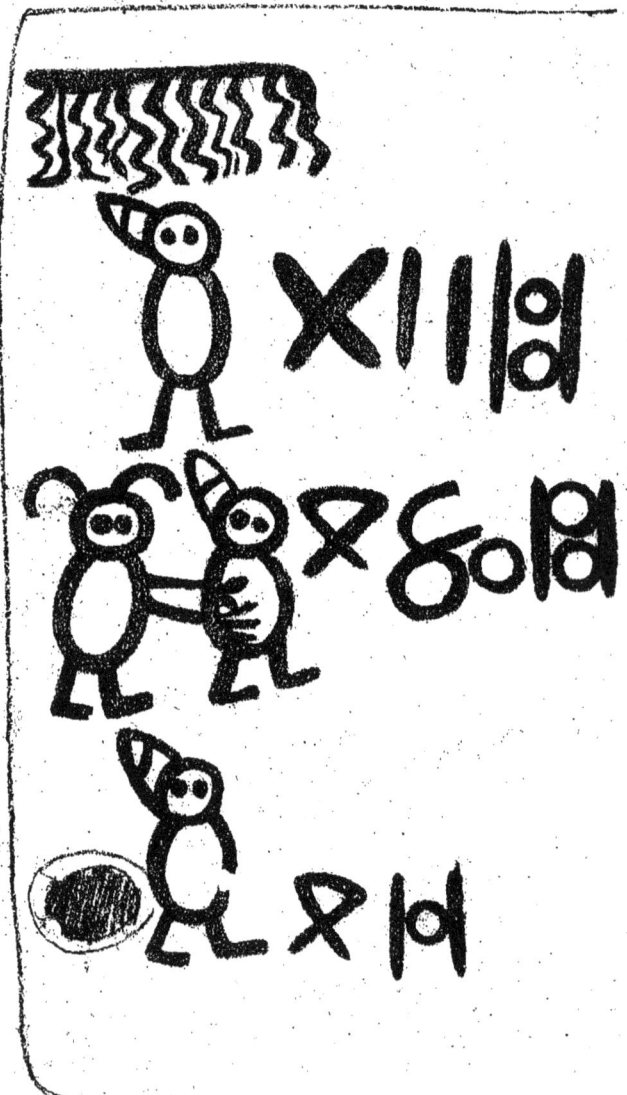

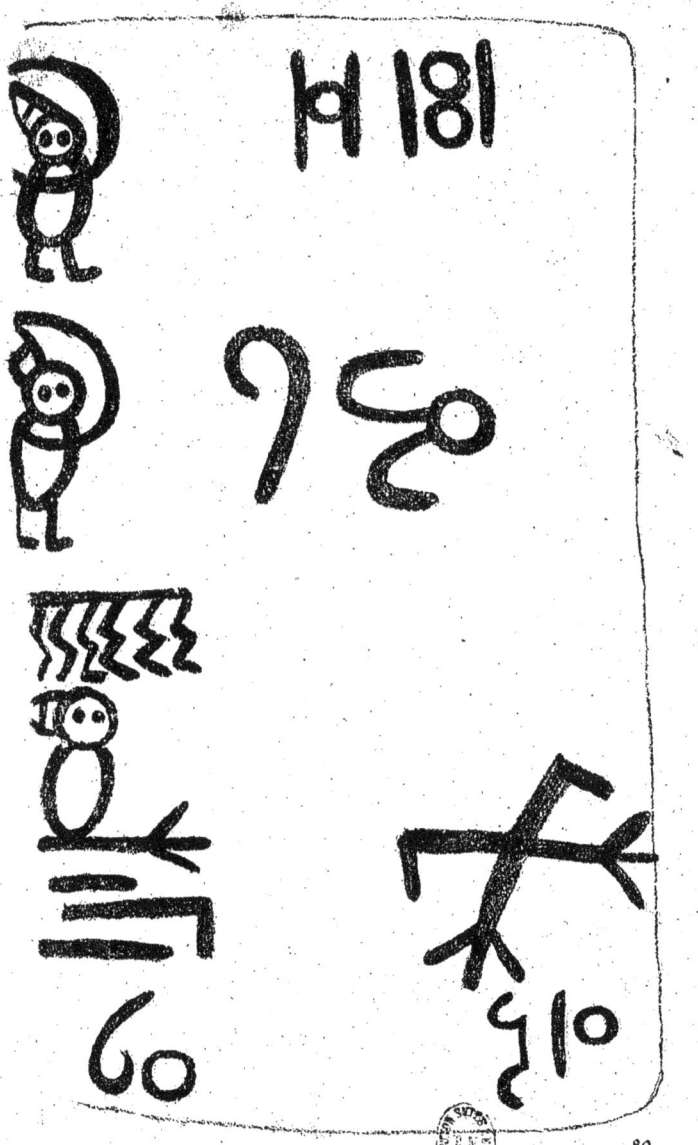

154

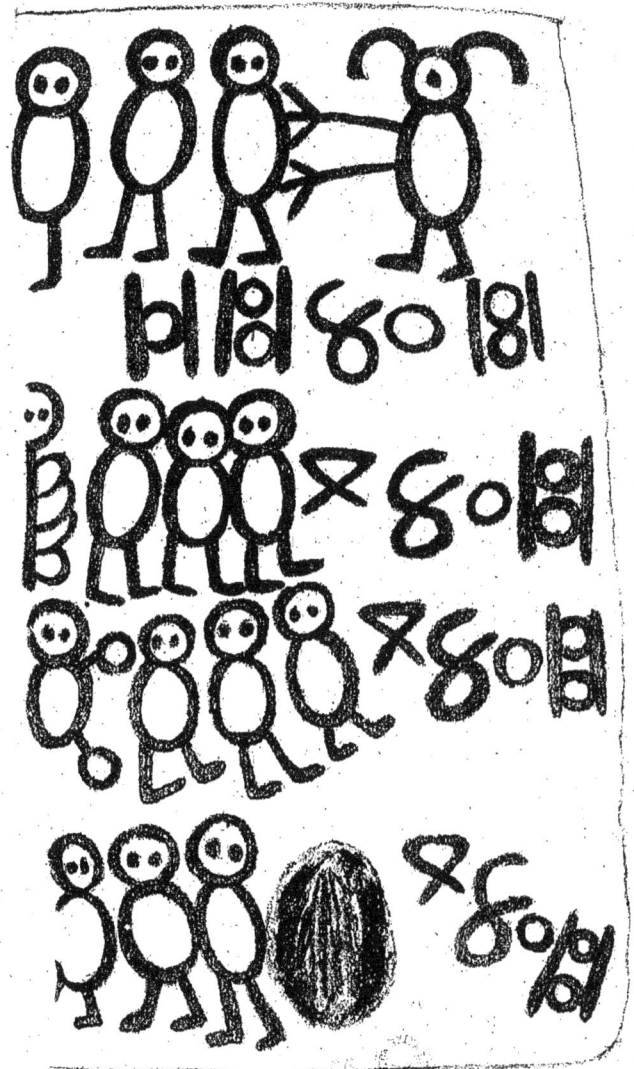

grwald

163

170

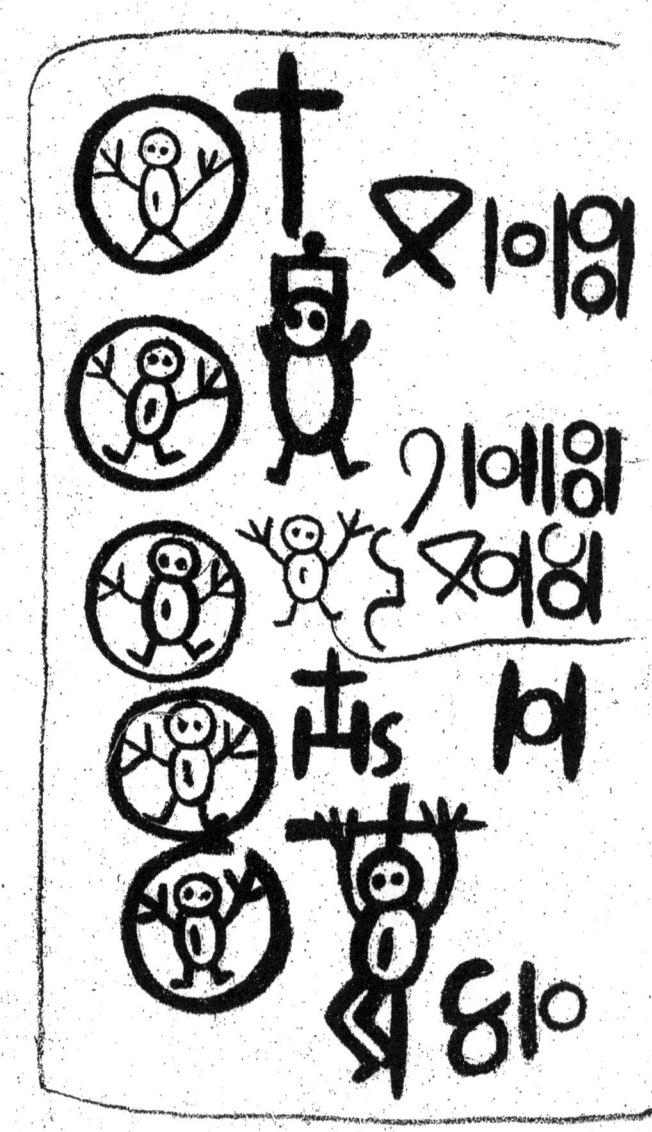

174.

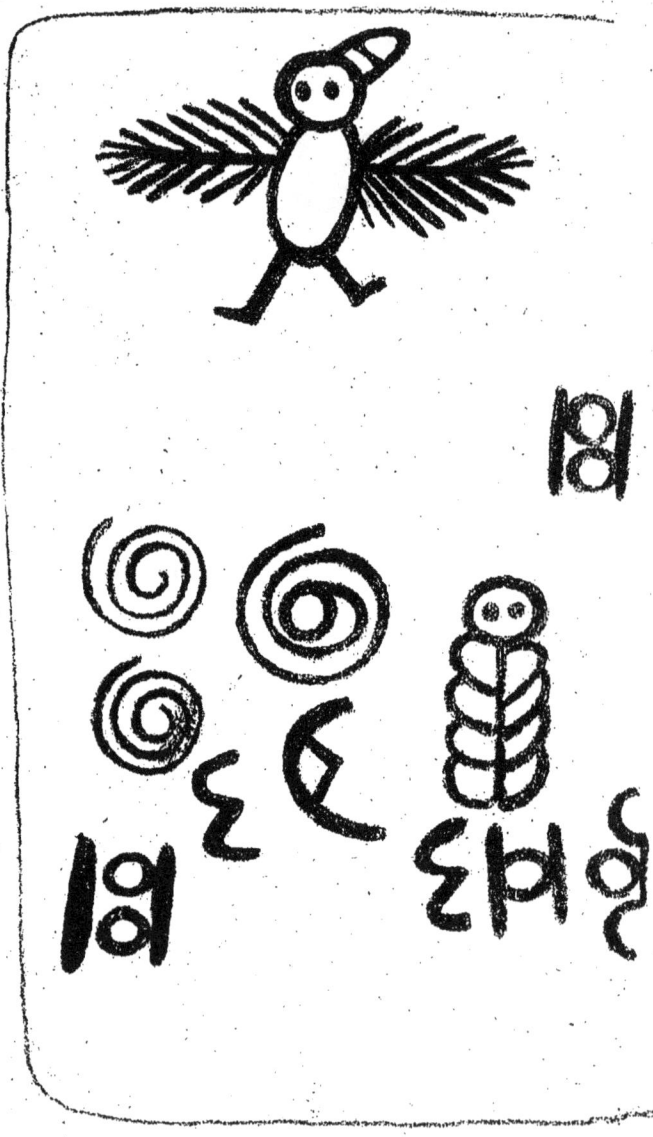

175.

176.

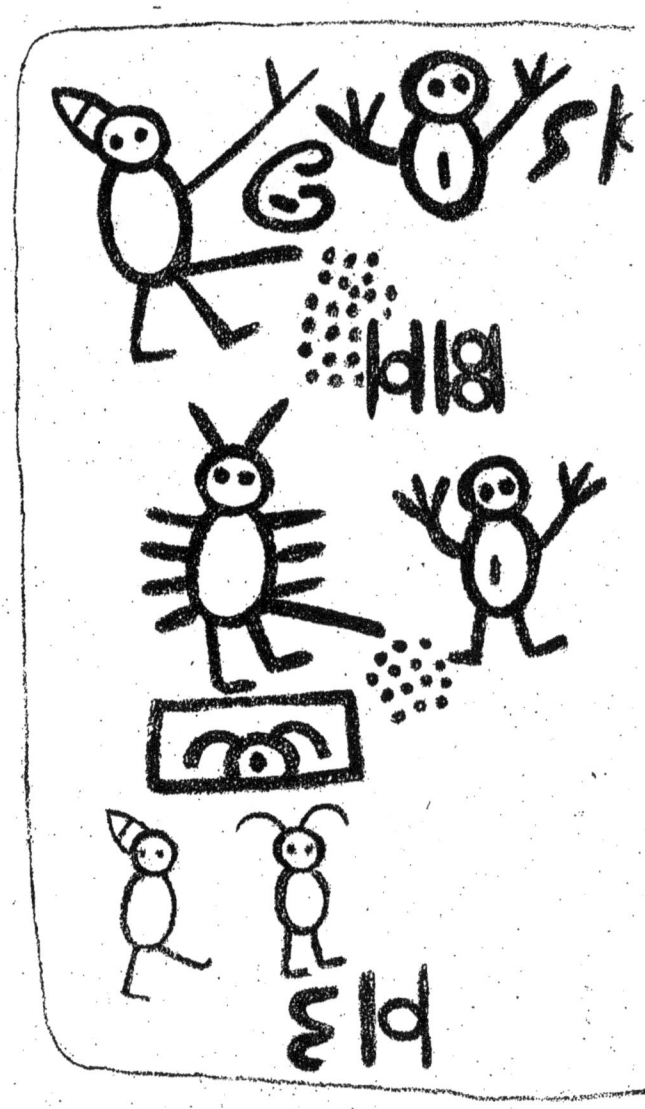

180.

181.

182

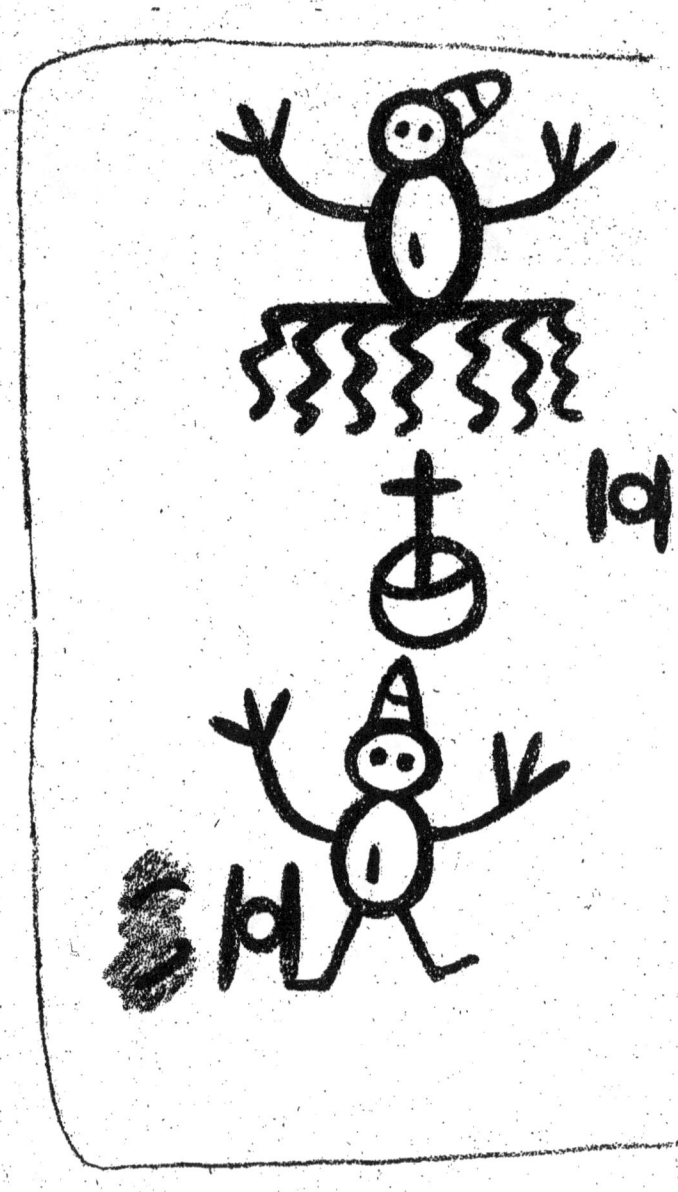

184

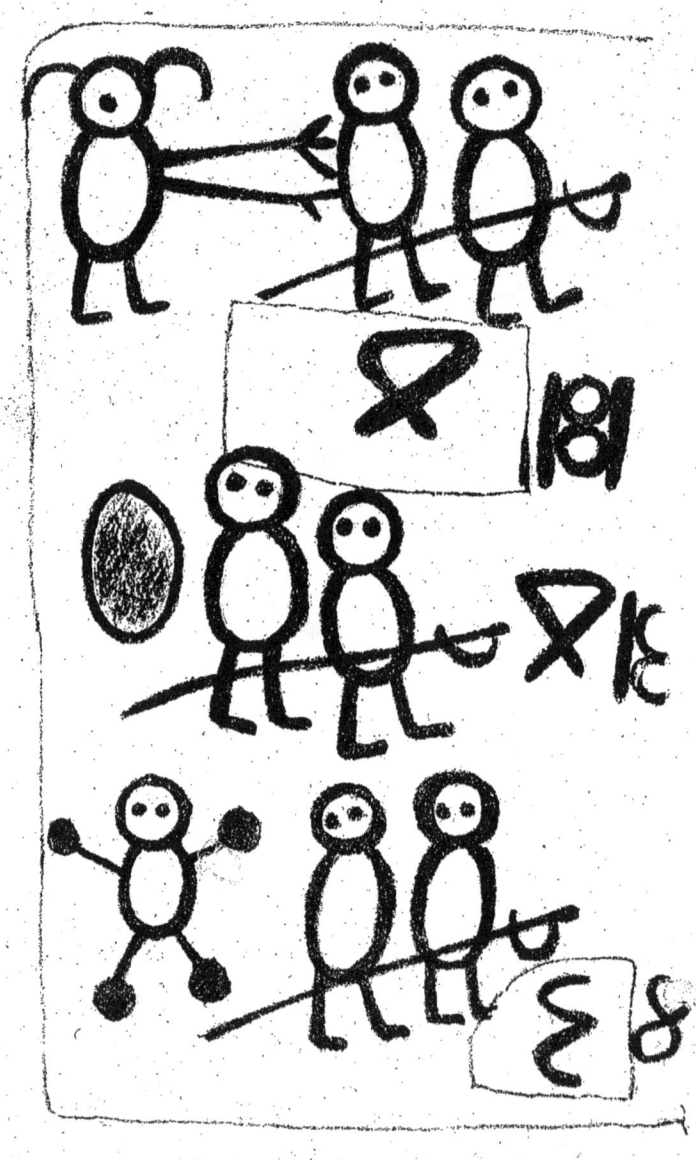

188.

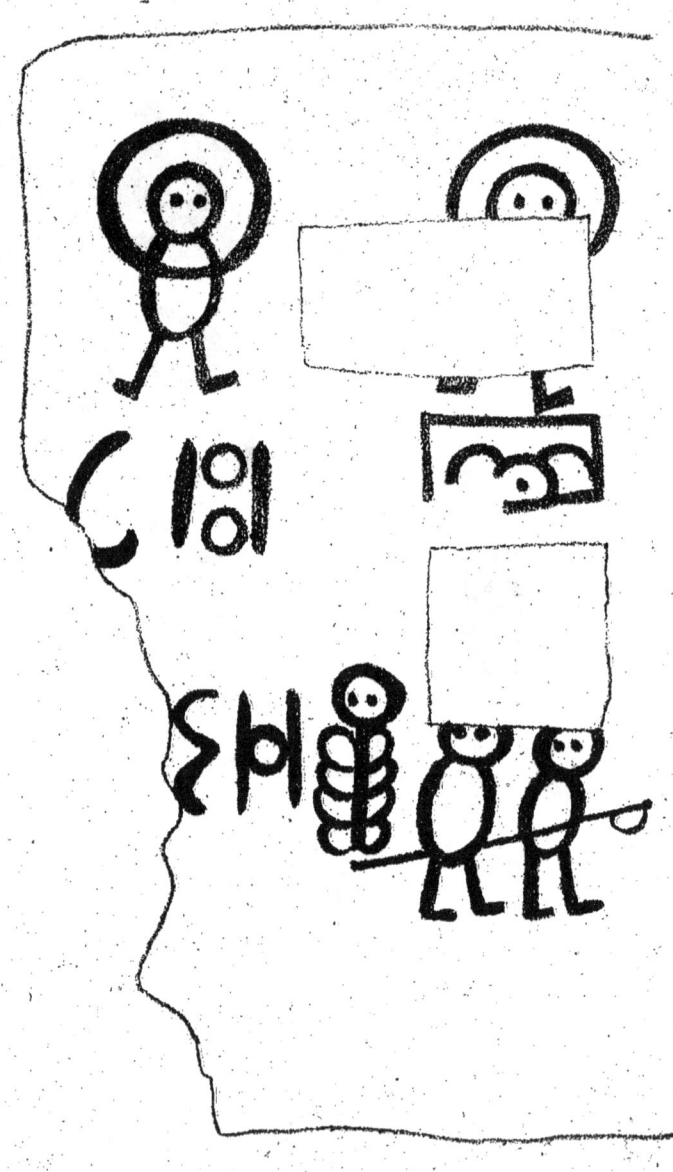

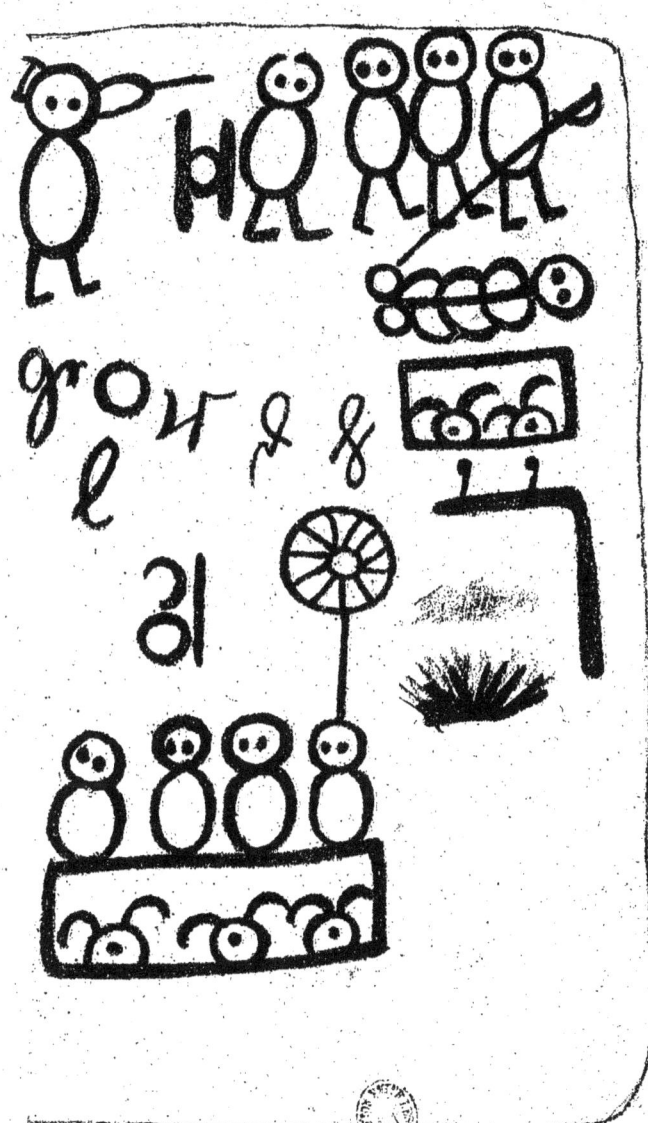

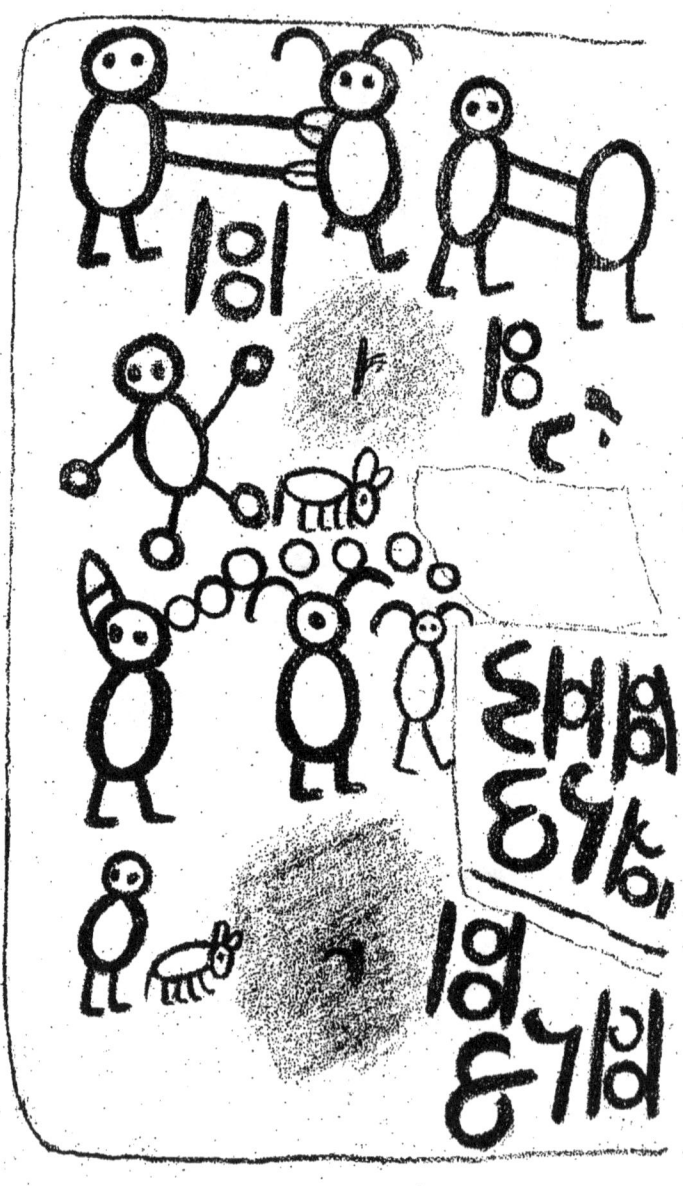

192.

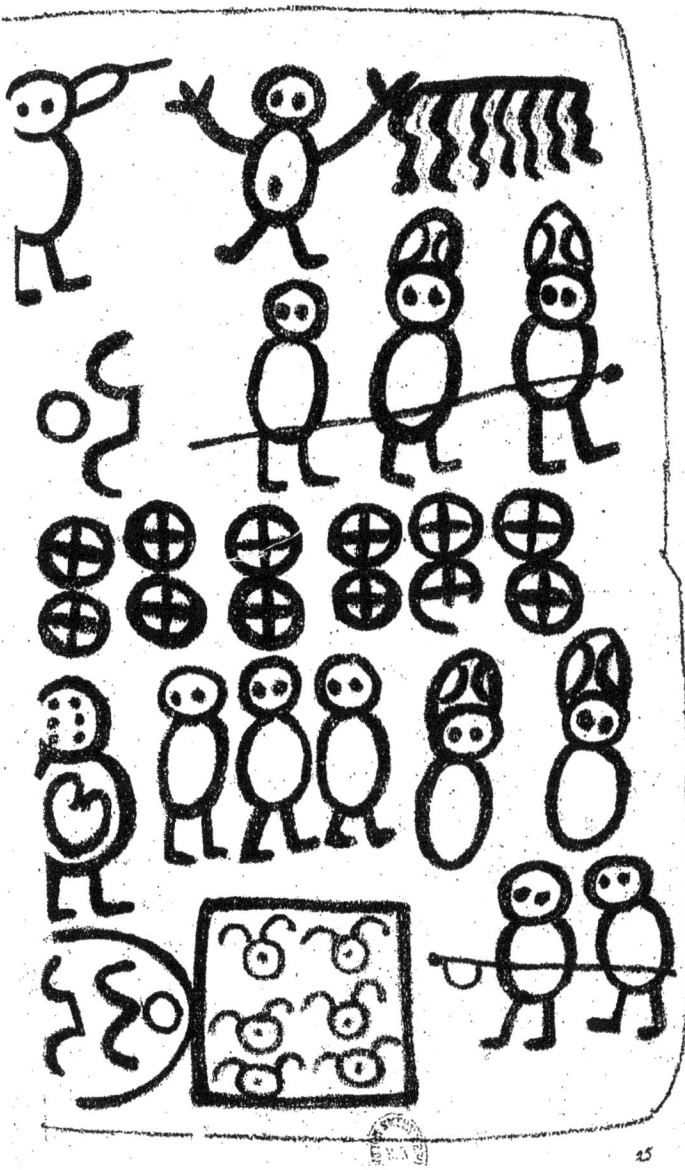

194

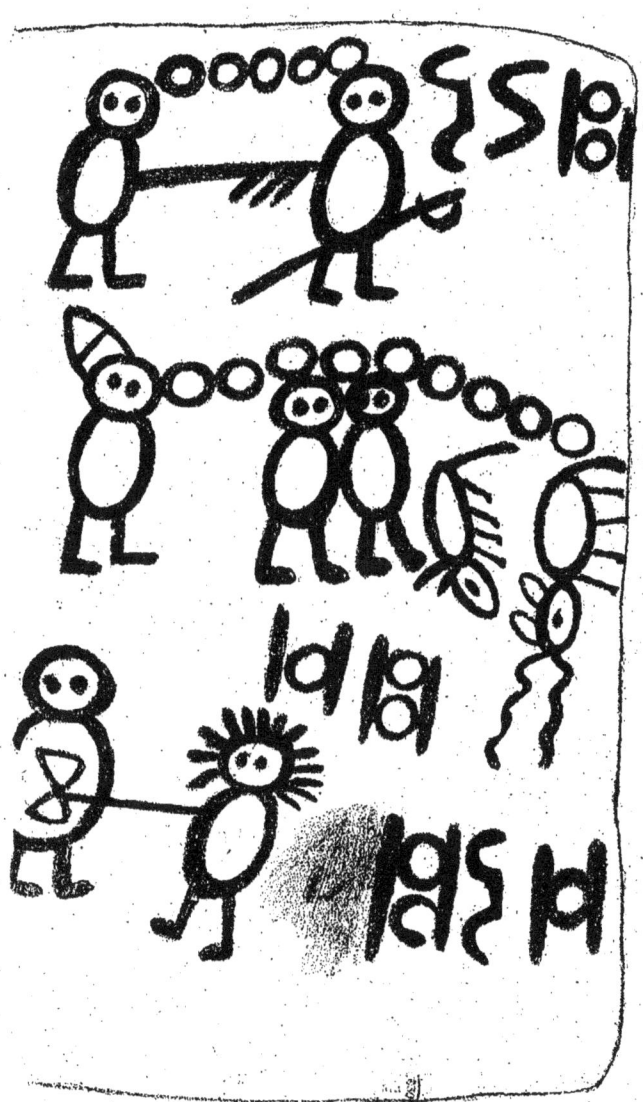

195.

196.

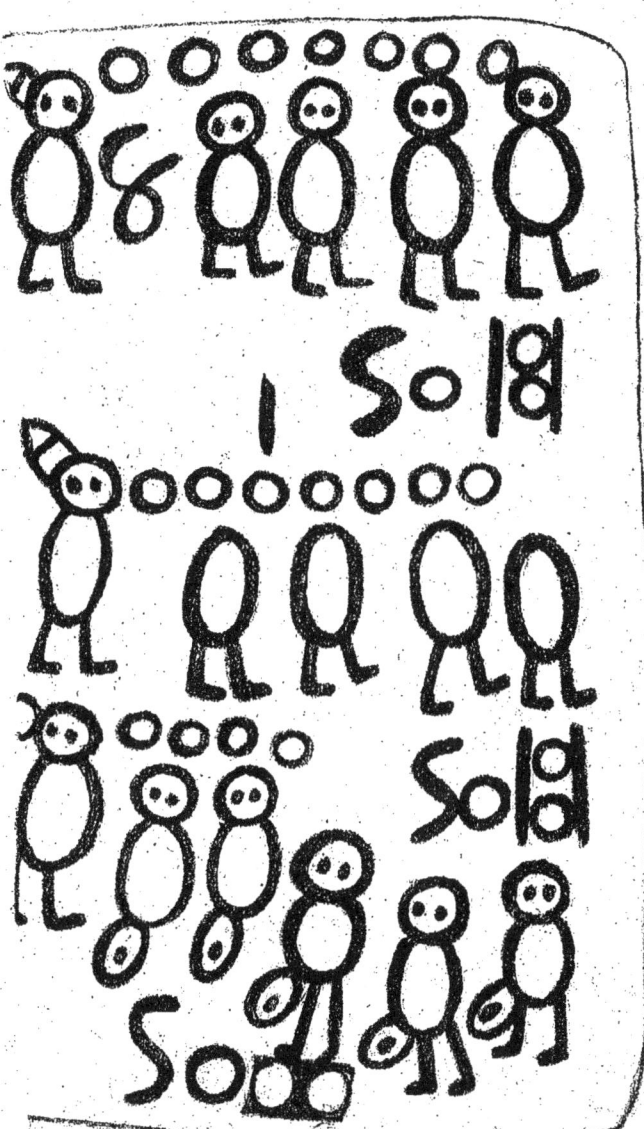

198.

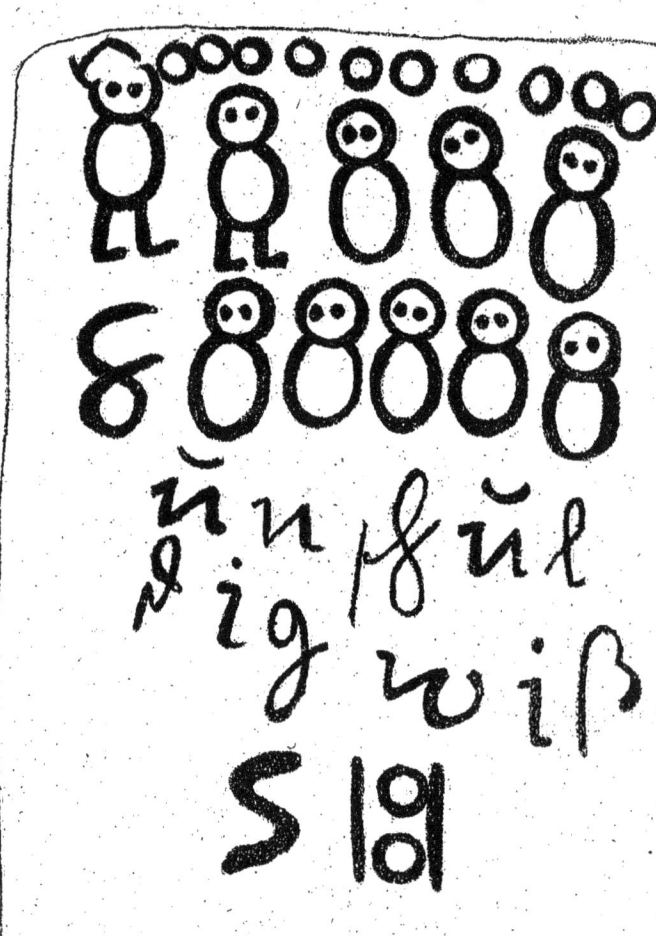

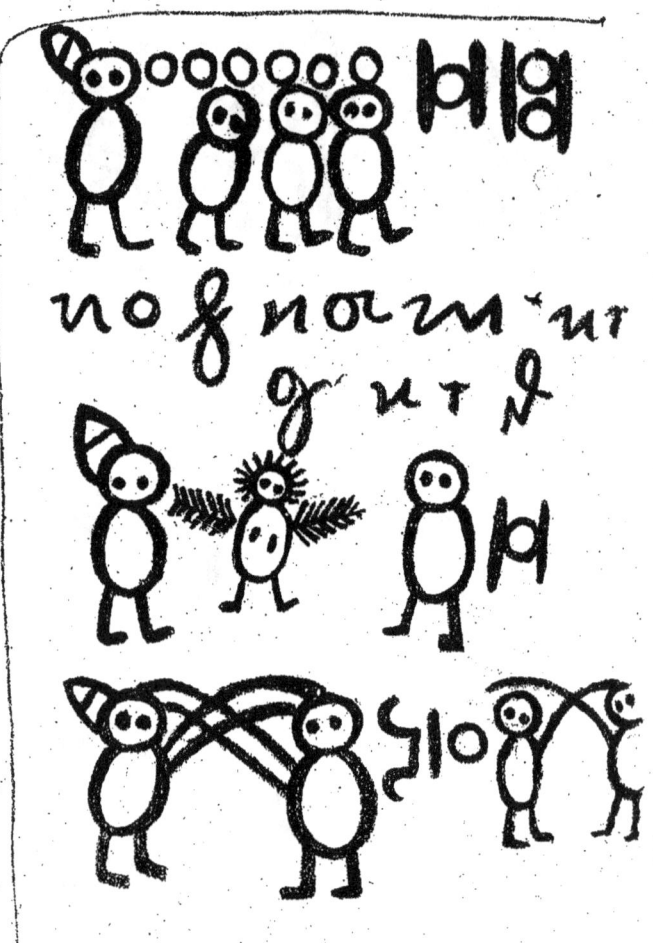

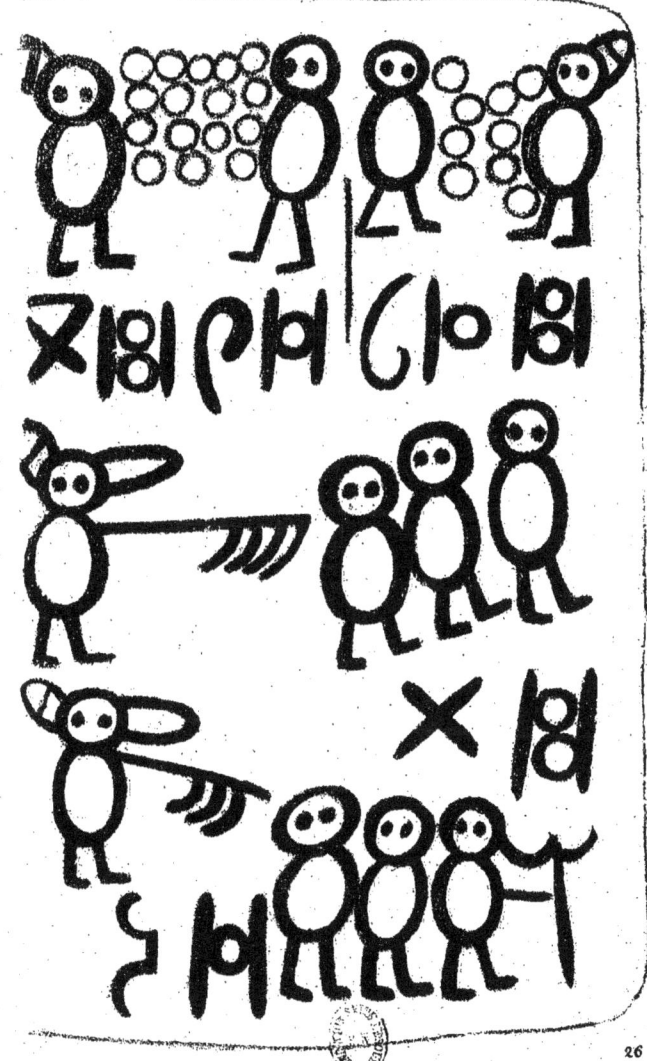

202.

203

207

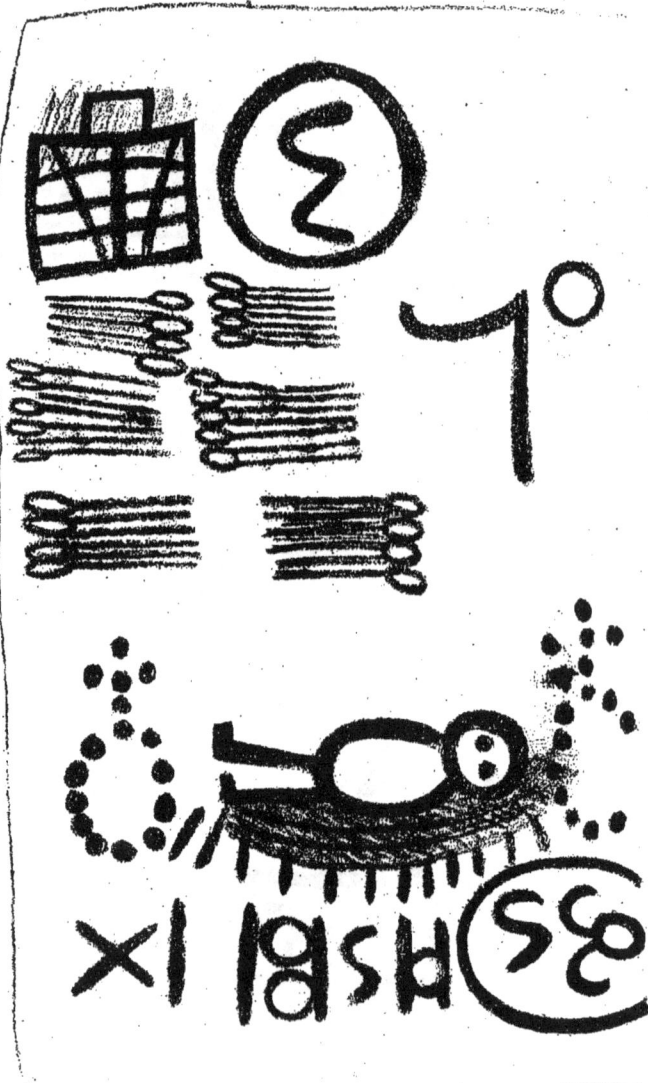

210

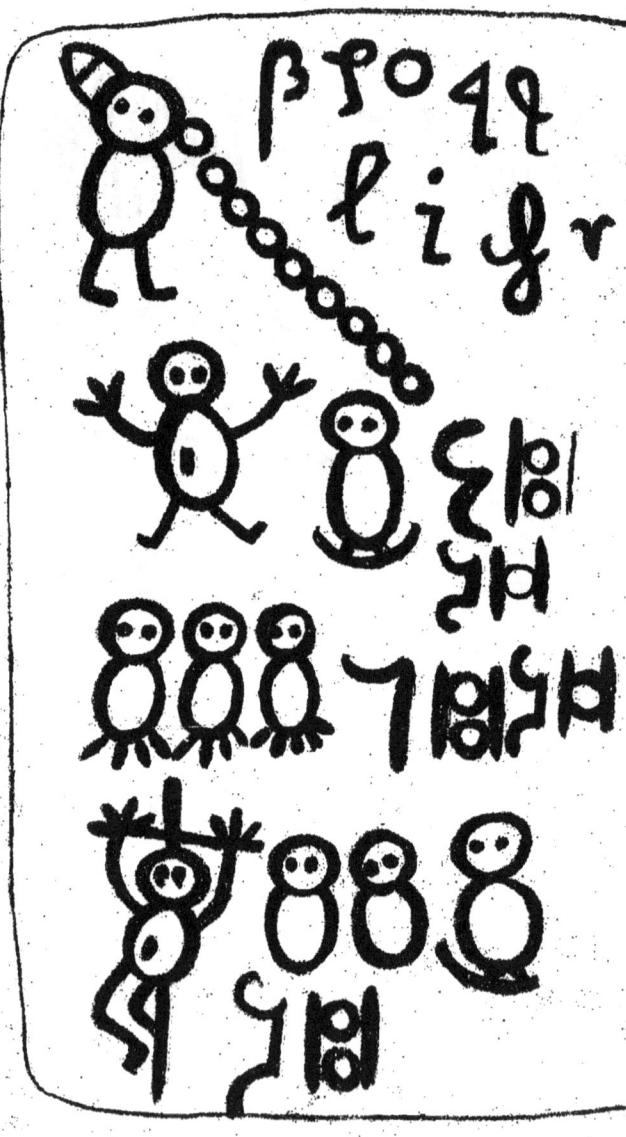

214

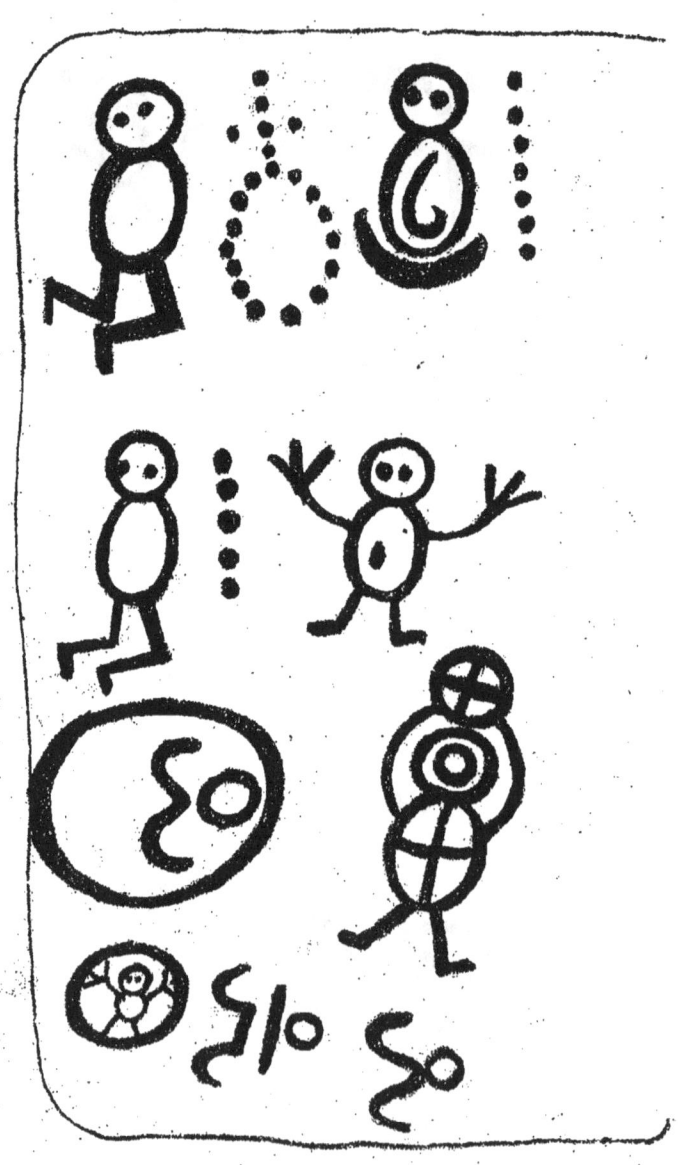

218

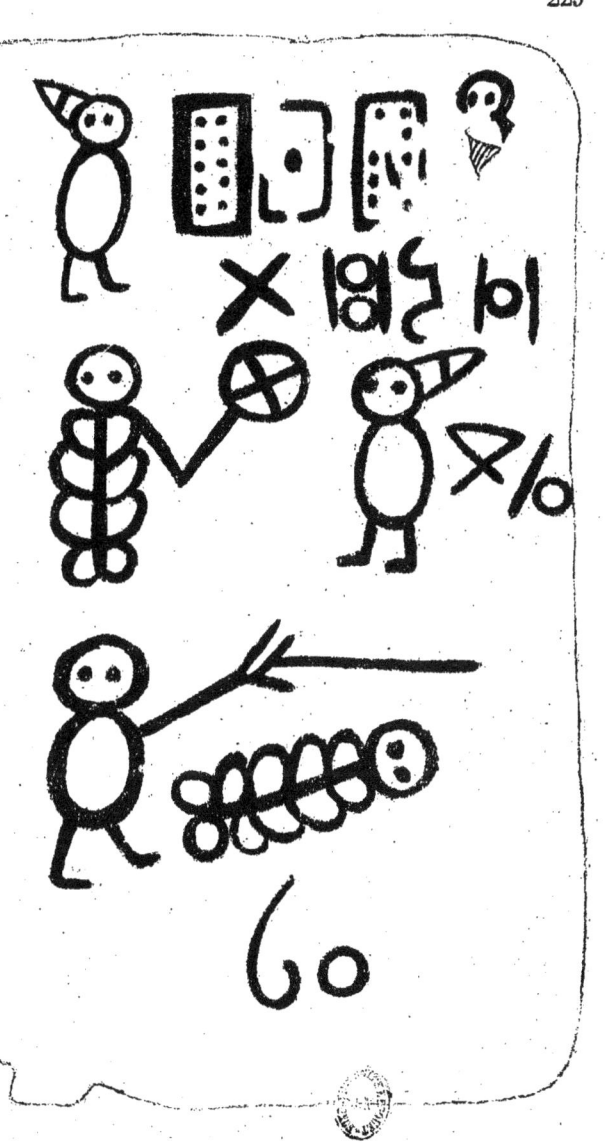

224

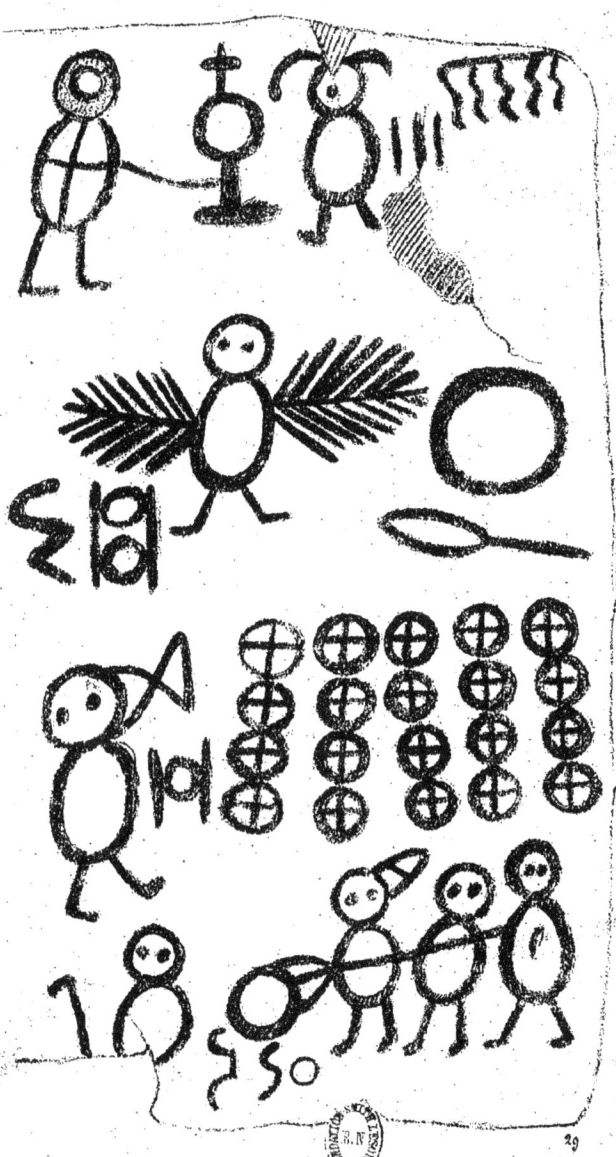

226

227

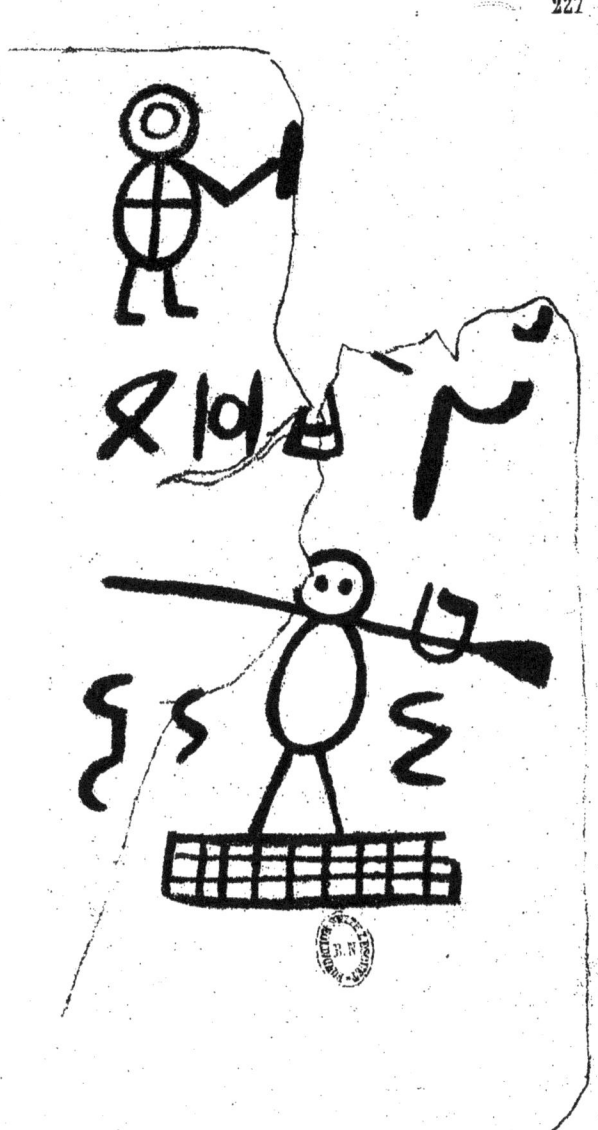

228

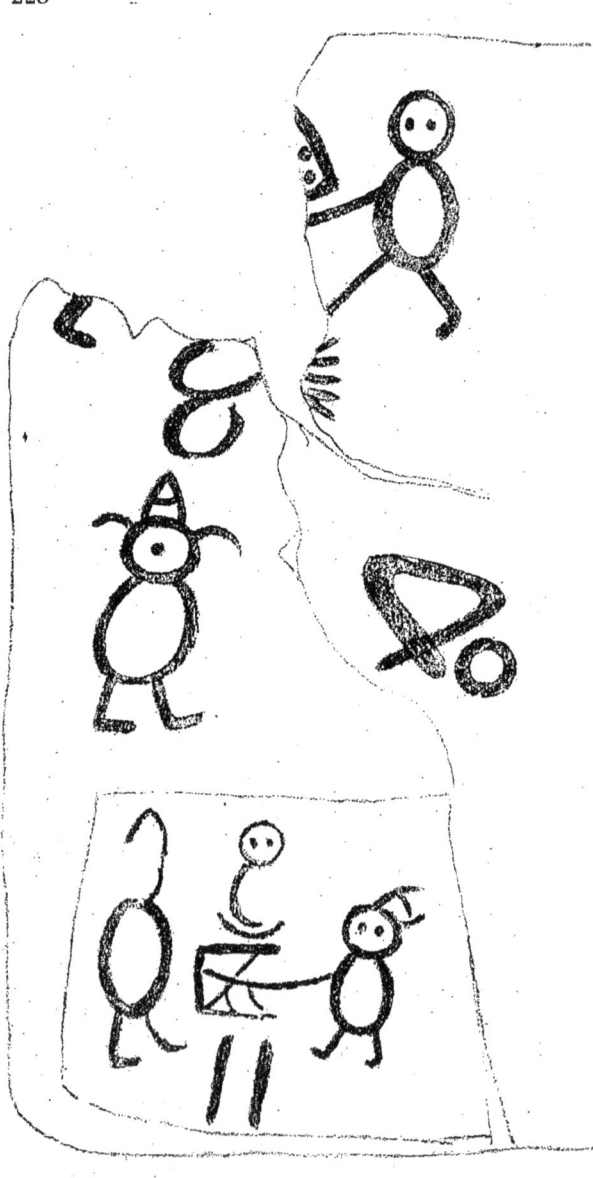

www.ingramcontent.com/pod-product-compliance
Lightning Source LLC
Chambersburg PA
CBHW050758170426
43202CB00013B/2471